Imkerbuch

Aristaios-Verlag Basel

Ein grosser Bienenschwarm hat sich an einem Zaunpfahl vor dem Bienenstand gesammelt. Der Imker bestaunt die «Geburt» eines Volkes oder sucht nach der Königin, die sich oft auf der Schwarmoberfläche aufhält.

Matthias Lehnherr

Imkerbuch

Der süsseste aller Stoffe

Der sozialste aller Staaten

Ein Jahr mit Bienenvolk und Imker

Imkerbuch und CD

Das Imkerbuch ist ein praxisbezogener Leitfaden für das Imkern in der Schweiz. Mit vielen Bildern und kurzen Texten führt es die zukünftigen Imkerinnen und Imker in die Geheimnisse der Bienen und die Kunst des Imkerns ein. Sowohl der Schweizerkasten als auch das Magazin werden vorgestellt.

Das Imkerbuch vermittelt Grundwissen und ist Lehrmittel für Landwirtschaftliche Schulen und für Grundausbildungskurse der Imkervereine. Den Schulen der mittleren und oberen Stufe bietet es Zusammenfassungen, Bilder, Zeichnungen und Diskussionsthemen für den Unterricht an.

Zum Imkerbuch gibt es seit 2008 eine CD mit Lernmaterialien, die thematisch geordnete Lese- und Arbeitsaufträge sowie Arbeitsblätter und deren Lösungen enthalten.

Die CD ist als Unterrichtsvorbereitung für Kursleiterinnen und Kursleiter oder als Lernhilfe im Selbststudium gedacht.

Dank

1. Auflage 1992
Für das Lesen der Manuskripte danke ich den Mitgliedern der Bildungskommission des VDRB (Peter Brunschwiler, Hans Jutzi, Hansjörg Rüegg, Peter Santschi, Guido Schöb, Arnold Ziörjen) und Hans Bender, René Blanchard, Danielle Dubied, Anton Imdorf, Berchtold Lehnherr, Helmut Ruetsch, Hans Stampfli. Für das Korrekturlesen danke ich Annemarie Lehmann und Willy Rihs. Den kunstvollen Scherenschnitt auf Seite 45 hat mir freundlicherweise Waltraut Wohlfarter zugesandt.

1. bis 4. Auflage 1992 bis 2000
Ganz besonders danke ich Romano Hänni, Basel, für die konzeptionelle Mitarbeit und die Gestaltung. Seine engagierte, kreative und sorgfältige, formgebende Arbeit hat sich bewährt. Die Form des Imkerbuches wurde für alle Auflagen beibehalten, nur der Inhalt wurde nachgeführt.

5. und 6. Auflage 2004 und 2008
Das Imkerbuch wurde «umgegossen» und erscheint in farbigem Kleid, mit überarbeiteten und zum Teil neuen Texten. Für den Farbguss und die konstruktive Zusammenarbeit danke ich Eva Woodtli und Felix Wiggenhauser, Zürich.

Matthias Lehnherr

Zum Autor

Matthias Lehnherr, 1951 in Spiez geboren, Lehrer und Imker, wohnhaft in Basel. Imkert seit 40 Jahren, lernte 1973 das Langstroth-Magazin in den USA kennen, arbeitet seither mit Magazinbeuten und Schweizerkästen. Bienenkundliche Projekte in der Schule, Grundausbildungskurse für Imkerinnen und Imker. Bienenberater der Sektion Basel. Projektleiter und Mitautor des schweizerischen Bienenvaters.

Konzeptionelle Mitarbeit und Gestaltung 1. bis 4. Auflage: Romano Hänni, Basel
Layout und Grafik 5. Auflage: Wiggenhauser & Woodtli, Zürich
Scans: Fotolabor d'Amico, Basel
Druck: freiburger graphische betriebe, Freiburg im Breisgau

© Aristaios-Verlag Basel
6., nachgeführte Auflage 2008
Alle Rechte vorbehalten.

Nachdruck oder Vervielfältigung des Buches oder von Teilen daraus nur mit ausdrücklicher Genehmigung des Verlages.

Aristaios-Verlag
Weiherhofstrasse 56
4054 Basel

ISBN 3-9520322-0-4

Inhalt

Teil I **Der süsseste aller Stoffe**

(Seiten 8 – 22)

Bienen erzeugen lebenserhaltende Produkte 10
Bienen erhalten die Natur 12
Bienen brauchen die intakte Natur 13
Bienenhalten in der Schweiz 14
Landwirtschaft und Imkerei 16
Ein Weg, um Imkerin oder Imker zu werden 16
Bienenkästen 17
Werkzeuge 20
Arbeit und Verdienst 22

Teil II **Der sozialste aller Staaten**

(Seiten 24 – 43)

Bienenvolk 26
Arbeiterinnen 27
Königin 36
Drohnen 37
Ein Vergleich der drei Bienenwesen 38
Nest und Wabenbau 40

Teil III **Ein Jahr mit Bienenvolk und Imker**

(Seiten 44 – 94)

Wetter und Tracht: linke Buchseiten, linke Spalte 46 - 84
Entwicklung des Bienenvolkes: linke Seiten 46 - 84
Arbeiten der Imkerin und des Imkers: rechte Seiten 47 - 94
Arbeitskalender 47
Wabenvorrat und Wachsmotten 86 - 87
Notzustände und Krankheiten 88 - 94

Weitere Informationen

(Seiten 95 – 101)

Institutionen und Organisationen im Dienste der Imkerei 96
Adressenhinweis 96
Weiterführende Literatur 98
Bildquellen 99
Register 100 - 101

Der Honigtropfen

(eine indische Volkserzählung)

Ein Wanderer war auf einem Baum eingeschlafen. Als er aufwachte, erschrak er: unter sich sah er einen sprungbereiten Löwen und über ihm zischte eine grosse Schlange. Er wusste nicht, wohin er fliehen sollte. Plötzlich tropfte aus einem Bienennest im Baum Honig auf ihn. Er ass den Honig und vergass dabei die Gefahr.

Teil I

Wer sich mit Bienen befasst, öffnet eines der geheimnisvollsten «Bücher» der Natur. Die Arbeit mit Bienenvölkern ist ein Schlüssel zum Verständnis der Naturzusammenhänge und ihrer Gesetzmässigkeiten.

Die Honigbiene hat den Menschen seit jeher interessiert. Er schätzt ihre Produkte, vor allem den Honig, diesen «süssesten aller Stoffe». Honig galt in vielen frühen Hochkulturen als Gabe des Himmels und wurde aufgrund seiner natürlichen Süsse und Heilkraft zum Symbol der Wahrheit (Gottes Wort) und der Dichtung.

Wesen und Lebensart der Biene beeindrucken uns, denn sie sucht sich ihre Nahrung auf Blüten, Blättern und Tannennadeln (Waldhonig), ohne ihre Nahrungsgeber zu beschädigen oder zu zerstören; im Gegenteil, ihre Nahrungssuche ist mit einem Dienst an der

Ausschnitt aus einer rund 12 000 Jahre alten Höhlenzeichnung: eine Honigsammlerin klettert an einem Seil zum Schlupfwinkel wilder Bienen. Malerei in Rot. Cueva de la Araña, Spanien.

Der süsseste aller Stoffe

Natur verbunden: sie bestäubt die besuchten Blüten.

Die Biene lebt als eigenständiges Einzelwesen in einem ausserordentlich komplizierten Volks-Organismus und stellt ihre ganze Lebenskraft in den Dienst des Volkes, ohne das sie selbst nicht überleben könnte. Es gibt weder auf Eigennutz bedachte «Chefs» noch neidische «Angestellte», die ein Leben lang immer dieselbe Arbeit ausführen müssen. Die Arbeitsbiene wechselt ihren «Beruf» mehrmals, dem Alter und den Umständen entsprechend und rackert sich nicht schonungslos zu Tode, sondern kennt auch das Nichtstun; sie sitzt herum, schläft, frisst und geht im Stockinnern spazieren.

Bienen erzeugen lebenserhaltende Produkte

Nahrungsmittel, Stärkungsmittel, Heilmittel

Honig

Die Nektardrüsen auf dem Grund der Blüten scheiden kleine Nektartropfen aus, die die Biene mit ihrem Rüssel aufsaugt und in der Honigblase speichert. Im Bienenstock übergibt die Sammlerin ihr Gut andern Bienen; sie reichern den Nektar mit Speichel und Drüsensekreten an und lagern ihn in Vorratszellen ab. Speichel und Sekrete enthalten Enzyme[1], die den Rohstoff Nektar in Honig umwandeln. Der Nektar muss zudem von den Bienen eingedickt werden, denn er enthält bis zu 80% Wasser. Reifer Honig besteht aus 16 bis 20% Wasser, 70% Frucht- und Traubenzucker, Mineralstoffen, Säuren, Vitaminen und Fermenten.

    Honig unterstützt die Abwehrkräfte des menschlichen Körpers. Er enthält Wirkstoffe, die Bakterien abtöten. Er wirkt heilend bei Wunden, bei Störungen der Verdauung, der Atemwege und des Blutkreislaufes und wird kosmetischen Hautpflegemitteln beigegeben.

Blütenstaub (Pollen)

Der Blütenstaub, der von den Staubbeuteln der Blüte gebildet wird, bleibt im Haarkleid der Sammlerin haften. Im Flug bürstet sie den Blütenstaub mit den Vorder- und Mittelbeinen aus ihren Haaren, befeuchtet ihn mit Honig und Speichel und knetet ihn im Körbchen der Hinterbeine zu einem festen Klümpchen. Die Biene «höselt» Blütenstaub. Im Bienenstock werden die Pollenhöschen in eine Vorratszelle abgestreift und festgestampft. Der Blütenstaub dient dem Volk als Eiweissnahrung.

    Blütenstaub kann mit Hilfe einer Pollenfalle gewonnen werden. Die Sammlerinnen müssen durch die Löcher von Kunststoffschiebern hindurchschlüpfen, um in den Stock zu gelangen. Dabei werden einige Pollenhöschen von den Hinterbeinen abgestreift und fallen durch ein Gitter in ein Sammelgefäss. Pollen wirkt antibakteriell. Er stärkt den menschlichen Körper, unterstützt die Verdauung und schützt vor Prostatitis.

Königinnen-Futtersaft (Gelée Royale)

Königinnen werden von den Bienen in speziellen, sackähnlichen, hängenden Zellen aufgezogen. Die Königinnenmaden erhalten besonders viel und reinen Futtersaft aus den Futtersaftdrüsen der Pflegebienen. Die Gewinnung von Gelée Royale ist Sache spezialisierter Imkereibetriebe. Ein Bienenvolk kann mit bestimmten Eingriffen dazu veranlasst werden, mehrmals 20 bis 40 künstliche Königinnenzellen zu pflegen und mit Futtersaft zu versorgen. Dieser Gelée Royale wird mit einer Pipette aufgesogen und sofort vor Licht geschützt und kühl gelagert. Gelée Royale regt den Stoffwechsel an, harmonisiert das Nervensystem und wird kosmetischen Hautpflegemitteln beigegeben.

Links: Verdeckelte Königinnenzellen kurz vor dem Schlupf der Königinnen. Rechts: Seitlich aufgeschnittene Königinnenzelle mit ungefähr 5-tägiger Königinnenlarve auf Gelée Royale.

---

[1] Enzyme (Fermente) = Eiweisswirkstoffe, die chemische Umformungen eines Stoffes auslösen und lenken. Vergleich: Ein Enzym ist wie ein Schlüssel, mit dem ein bestimmtes Türschloss geöffnet und ein neuer Raum gewonnen werden kann.

Heilmittel

Bienengift

Bienen stechen nur, wenn sie sich bedroht fühlen. Der Bienenstachel ist mit Widerhaken versehen. In der elastischen Haut von Mensch und Säugetier bleibt er deshalb stecken. Die Biene reisst sich auf ihrer Flucht das gesamte Stechorgan aus dem Leib und muss verbluten. Bienenstiche können für stark allergisch reagierende Menschen tödlich sein, wenn sie nicht sofort den Arzt aufsuchen oder ein Gegenmittel spritzen.

Das Bienengift wird in spezialisierten Imkereibetrieben gewonnen. Die Bienen werden elektrisch gereizt und geben ihr Gift auf eine Glasplatte ab. Das eingetrocknete Gift wird von der Platte abgeschabt und weiterverarbeitet.

Bienengift wirkt entzündungshemmend, blutdrucksenkend, gefässerweiternd und lindert rheumatische Erkrankungen.

Heilmittel, kosmetisches Mittel, Farbmittel

Kittharz (Propolis)

Die Biene schabt mit ihren Mundwerkzeugen die harzige Schicht der Knospen von Pappeln, Birken, Kastanien, Erlen und andern Bäumen ab, vermengt die Masse mit Speichel und trägt sie «gehöselt» in den Stock. Propolis unterbindet das Pilz- und Bakterienwachstum im feuchtwarmen Stock. Die Bienen dichten mit Kittharz Ritzen und Löcher ab, überpinseln damit Innenwände, Holzrahmen und Wabenbau und mumifizieren tote Tiere wie zum Beispiel Mäuse oder Waldschnecken, die nicht hinausgeschafft werden können, weil sie zu gross sind. Propolis verhindert deren Verwesung.

Propolis wirkt im menschlichen Körper bakterien- und virenhemmend und wird vielen kosmetischen Pflegemitteln beigegeben. Im Geigenbau ist Propolis Bestandteil des Lacks.

Technisches und kosmetisches Hilfsmittel, Leuchtmittel

Wachs

Die Bienen erzeugen das Wachs in ihrer körpereigenen «chemischen Fabrik»: In spezialisierten Hautzellen (Wachsdrüsen), die sich auf der Bauchseite des Hinterleibes befinden, werden feine Wachsschüppchen ausgeschwitzt. Mit den Wachsblättchen bauen die Bienen ihre Waben.

Der Imker braucht Bienenwachs zur Herstellung der Mittelwände. Das sind maschinell hergestellte, dünne Wachsplatten mit eingeprägtem Sechseck-Zellmuster, die der Imker in die Wabenrahmen lötet und im Frühjahr in die Bienenvölker hängt. Die Bienen bauen die Zellen auf dieser Mittelwand aus.

Bienenwachs wird vielen Hautpflegemitteln beigegeben und dient zudem als Oberflächenschutz von Holz, Metall und Stein. Die reine Bienenwachskerze gilt als besonders wertvoller Lichtspender und wurde in religiösen Handlungen der katholischen Kirche verwendet.

Bienen erhalten die Natur

Ertrag und Qualität landwirtschaftlicher Obst-, Beeren- und Samenkulturen hängen davon ab, ob zur richtigen Zeit eine ausreichende Anzahl Bienen die Blüten befliegen können. Kirschbäume, die nicht nur durch Wind, sondern vor allem durch Bienen bestäubt werden, erbringen 10- bis 30mal mehr Ertrag. Dank guter Bestäubung durch Bienen wird der Zucker- und Säuregehalt des reifen Obstes gesteigert und die Lagerfähigkeit verbessert. Aus diesen Gründen werden die Imkerinnen und Imker in intensiv genutzten Landwirtschaftsgebieten für das Aufstellen von Bienenvölkern in blühende Kulturen entschädigt. Für eine ausreichende Bestäubung rechnet man:
– pro ha Raps, Äpfel und Birnen mindestens 2 Bienenvölker,
– pro ha Kirschen und Zwetschgen 3 Bienenvölker.

Der wesentliche Aktionsradius eines Bienenvolkes beträgt 500 bis 1000 m.

Die Bienen sind, im Unterschied zu andern blütenbestäubenden Insekten wie Hummeln und Solitärbienen[1], «blütenstet»; sie fliegen längere Zeit immer auf dieselbe Blütenart und sichern dadurch deren Bestäubung. Aber nicht nur die Blüten der Nutzpflanzen werden zu 80% von den Honigbienen bestäubt, sondern auch Zier- und Wildpflanzen, wie Brombeere, Heidelbeere, Faulbaum, Schneeball, Schwarz- und Weissdorn, Stieleiche, Wildrose. Früchte und Beeren dieser Pflanzen nähren Vögel und kleinere Säugetiere.

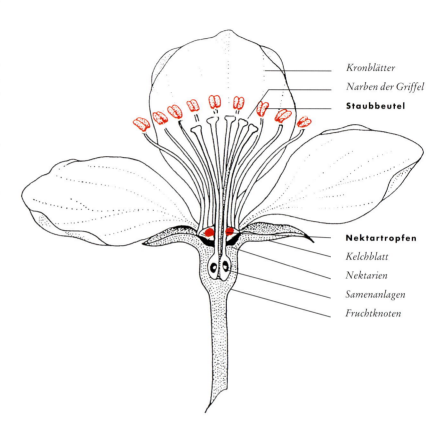

Längsschnitt durch eine Apfelblüte

Die Staubbeutel erzeugen den Blütenstaub. Er bleibt im Haarkleid der Sammlerin, die Nektartropfen auf dem Blütengrund aufsaugt, haften. Wenn die Biene in die nächste Blüte klettert, streift sie unwillentlich einige Pollenkörner auf der klebrigen Narbe ab. Der Pollen wandert durch den Griffel in den Fruchtknoten und befruchtet dort die Samen.

---

[1] *Solitärbiene* = Einzelbiene. Die Honigbiene ist nur eine unter vielen. Auf unserer Erde leben rund 25 000 Bienenarten, die meisten aber «solitär», als Einzeltier. Sie bilden keine Sozialstaaten wie die Honigbienen und legen keine Honigvorräte an, die der Mensch ernten kann.

Bienen brauchen die intakte Natur

Bienenvölker gedeihen nur, wenn sie während der ganzen Vegetationsperiode reichlich Nektar und Blütenstaub sammeln können. Der Boden der Schweiz wird landwirtschaftlich und industriell intensiv genutzt. Bäche und Flüsse wurden begradigt, Feuchtgebiete entwässert, Hecken und Auenwälder entfernt. Dies verschlechterte das Nahrungsangebot für die Insekten- und Vogelwelt. Den Bienen und Schmetterlingen fehlt es an Blüten, den Vögeln an Beeren. Besonders gravierend ist die Situation in den Landwirtschaftsgebieten des schweizerischen Mittellandes. 40% der Vogelarten und 60% der Tagfalterarten sind heute in der Schweiz vom Aussterben bedroht. Die Honigbienen haben es besser, weil ihnen die fehlende Nahrung (und der geerntete Honig) durch Zuckerwasser ersetzt werden kann. Die künstliche Fütterung ermöglicht es der Imkerin und dem Imker, beliebig viele Völker zu halten. Eine Folge davon ist die gebietsweise allzu grosse Bienendichte. Wenn nun zusätzlich dazu das natürliche Nahrungsangebot mangelhaft ist, können vermehrt Krankheiten ausbrechen. Deshalb ist es notwendig, dass nicht zu viele Völker an einem Ort gehalten werden. Maximal 12 Völker pro Standplatz und mindestens 500 m Abstand bis zum nächsten Stand wären ideal. Zudem lohnt es sich, das Nahrungsangebot für die Bienenvölker stetig zu verbessern.

Reichlich Weidenbäume sind für die Frühjahrsentwicklung der Bienenvölker unentbehrlich und artenreiche Hecken und Waldränder und renaturierte Flussläufe mit Faulbäumen und Sträuchern sind ein Jungbrunnen für die Insektenwelt.

Landwirte erhalten Direktzahlungen für die schonende und kunstdüngerfreie Pflege artenreicher Magerwiesen, Feldränder und Öko-Ausgleichsflächen. In Baden-Württemberg wird seit 1988 im Rahmen der EU-Programme zur Stilllegung von landwirtschaftlichen Kulturflächen die Aussaat von nektar- und pollenspendenden Pflanzen gefördert. Landwirtschafts-, Imker-, Jäger- und Naturschutzverbände arbeiten bei der Beschaffung von Saatgut zusammen. Beispiel einer Saatgutmischung (pro ha): 3 kg Phazelia, 2 kg Buchweizen, 0,5 kg Gelbsenf, 0,5 kg Ölrettich, 0,5 kg kleinköpfige Sonnenblume, 0,25 kg Borretsch, 0,25 kg Kornblumen, 0,25 kg Malven (siehe Bild Seite 73).

Renaturierung der Birs bei Basel
BirsVital ist ein gemeinsames Projekt der beiden Basel. Ziel ist, die Wasserqualität durch den Bau eines ARA-Ableitungskanals zu verbessern und die Uferlandschaft natürlich zu gestalten. Dazu wurden an einem Aktionstag im März 2003 2500 Sträucher und 30 Bäume gepflanzt: Weiden, Schwarz- und Weissdorn, Heimbuchen, Rosen, Hartriegel und Erlen.

Das Bienenhaus schützt Imker und Bienen vor der Unbill der Umwelt. Es ist der Schweizer Imkerschaft «lieb und teuer». Der Geruch im Bienenhaus nach Honig, Wachs und Propolis und das Summen der Bienen üben auf jeden Besucher einen geheimnisvollen Zauber aus. Es wäre schade, wenn diese ganzheitliche Einrichtung dem rational und wirtschaftlich denkenden Zeitgeist geopfert würde.

Bienenhalten in der Schweiz

Imker und Bienenvölker 2006

Verbandsgebiet	Imker	Bienenvölker
Deutsche und rätoromanische Schweiz	15 000	145 000
Westschweiz (geschätzt)	3 500	50 000
Tessin (geschätzt)	600	10 000
Insgesamt	19 100	205 000

Nichtorganisierte Imkerinnen und Imker und nicht versicherte Bienenvölker werden statistisch nicht erfasst. Zudem gibt es keine Erhebungen über die Grösse der Imkereibetriebe in der Schweiz.
Die Bienendichte der Schweiz ist bedeutend höher als in den umliegenden mitteleuropäischen Ländern.

Typisches Kennzeichen schweizerischer Imkerei ist das Bienenhaus mit 8 bis 20 Völkern in Schweizerkästen (siehe Seite 18).

Das Bienenhalten ist in der Schweiz eine beliebte, traditionsreiche Freizeitbeschäftigung. Es gibt, im Unterschied zu anderen europäischen Ländern, keine Berufsimker-Ausbildung. Die intensive landwirtschaftliche Nutzung des knapp bemessenen Bodens, die hohe Bienendichte und ungünstige Klimaverhältnisse bieten keine guten Voraussetzungen für Berufsimkereien, die auf ergiebige und regelmässige Honigerträge angewiesen sind. Trotzdem können auch in der Schweiz gebietsweise sehr gute Honig- und Pollenerträge erzielt werden, vor allem dann, wenn im Laufe eines Sommers verschiedene Trachtgebiete[1] angewandert werden.

Ergiebige Honigquellen der Schweiz:

- Akazien und Kastanienwälder des Südtessins
- Obst- und Rapsanbaugebiete der Nord- und Westschweiz
- ausgedehnte Löwenzahnwiesen der Zentralschweiz, des Mittellandes und des Juras
- Städte und Vorstädte mit ausgedehnten Alleebaumbeständen und gut bewässerten Vorgärten
- tiefere Lagen der Rot- und Weisstannenwälder des Juras, Emmentals und Entlebuchs
- Bergahorn- und Alpenrosengebiete der Voralpen (Bündnerland, Wallis, Zentralschweiz, Tessin)

[1] Trachtgebiet = Ort, wo die Bienen viel Nektar, Honigtau oder Pollen finden.

Landwirtschaft und Imkerei

Ursprünglich stand in der Schweiz bei fast jedem Bauernhof ein Bienenhaus mit durchschnittlich 10 Völkern. Die Bienen wurden und werden zum Teil auch heute noch vom Grossvater oder der Grossmutter betreut, denn der aktive Landwirt verfügt im Sommer kaum über die nötige Zeit zur Pflege der Bienen. Falls die Bauersfamilie die Bienen nicht mehr selber betreuen kann, ist es günstig, wenn sie sich die Zusammenarbeit mit einer Imkerin oder einem Imker sichert, indem sie zum Beispiel Bienenhaus und Völker gratis zur Pflege übergibt oder Bestäubungsverträge abschliesst: Der Landwirt hilft dem Imker beim Transport der Völker in die zu bestäubenden Kulturen oder er leistet einen finanziellen Beitrag (Bestäubungsprämie; einzelne Gemeinden entrichten ihren Imkern eine Prämie pro Volk). Zudem verpflichtet sich der Bauer, keine bienenschädigenden Spritzmittel anzuwenden oder informiert den Imker vorgängig darüber, damit die Völker weggestellt werden können.

Bauernhof, Bienenhaus und Obstgarten bilden eine erhaltenswerte Einheit, auch bei neuen Formen der Zusammenarbeit zwischen Landwirtschaft und Imkerei.

Ein Weg, um Imkerin oder Imker zu werden

1. Man suche an seinem Wohnort den Kontakt zu Imkerinnen oder Imkern, bei welchen man ein paarmal «schnuppern» könnte. Der Vereinspräsident oder der Bienenberater kann dabei behilflich sein (siehe Adressen Seite 96).

2. Man begebe sich während einer Saison mehrmals auf einen Bienenstand, schaue bei der Arbeit zu, biete seine Handlangerdienste an und besuche die monatlichen Imkerzusammenkünfte der Sektion.

3. Falls das Interesse an der Imkerei wächst und die ersten schmerzhaften Stiche überwunden sind, melde man sich beim Sektionspräsidenten zu einem Grundausbildungskurs an. Dieser Kurs dauert insgesamt 18 Halbtage, verteilt auf zwei Jahre.

4. Man suche sich einen geeigneten Platz zum Aufstellen von Bienenvölkern. Die Standortwahl für die Völker ist das A und O der Imkerei. Die Qualität des Standortes, das Nahrungsangebot und die mikroklimatischen und geologischen Verhältnisse entscheiden in erster Linie über Erfolg und Misserfolg in der Imkerei. Die Arbeit des Imkers ist erst in zweiter Linie massgebend. Am sichersten ist die Übernahme eines Standplatzes, der sich bewährt hat. Bei der Suche eines neuen Platzes wende man sich auf alle Fälle an den Sektionspräsidenten, den Bieneninspektor, den Berater oder an einen erfolgreichen Imker.

   Ein Bienenhaus oder Bienenkästen sollten:
   - nicht zu schattig,
   - aber auch nicht an der prallen Mittagssonne,
   - nicht zu feucht oder in Kälteseen[1] und
   - nicht zu windig stehen.

5. Man entscheide sich für ein Betriebssystem (Schweizerkasten oder Magazin), kaufe oder schreinere sich 2 bis 5 Bienenkästen und kaufe sich im Mai Schwärme oder später im Jahr Jungvölker oder Ableger[2].

---

[1] *Kältesee* = natürliche oder künstliche landschaftliche Vertiefung oder Abschrankung, in welcher kalte Luft liegenbleibt und nicht abfliessen kann.

[2] *Ableger* = künstlich gebildetes, neues Volk.

[3] *Beute* = Bienenkasten, Bienenstock.

Bienenkästen

Die Klotzbeuten, hier ein Stand in den Cévennen, waren Vorbild für die modernen Bienenkästen. Die Bienen bauten die Waben fest in den Hohlraum des Baumstrunkes. Zur Honigentnahme wurden Wabenstücke im obersten Beutenteil herausgeschnitten.

In waldreichen Gegenden wurden die Bienen früher in ausgehöhlten, lebenden Bäumen, später in Baumstrünken, so genannten Klotzbeuten[3], gehalten.

In Ackerbaugebieten dienten vor allem handgeflochtene Strohkörbe als Bienenbehausung.

Der traditionelle Bienenkasten in der deutschsprachigen Schweiz ist der Schweizerkasten, der üblicherweise in Bienenhäusern aufgestellt wird. Dieser Hinterbehandlungskasten wurde um 1900 von den Imkervätern *Bürki* und *Jeker* nach dem Vorbild deutscher Bienenkästen entwickelt; er wird deshalb in der Westschweiz (richtigerweise) «Bürki-Jeker-Kasten» genannt.

Das traditionelle Modell der französischsprachigen Schweiz ist der Dadant-Blatt-Kasten, eine Oberbehandlungs- oder Magazinbeute. Sie wird meist im Freien aufgestellt. Sie wurde um 1870 von *Johann Blatt* nach dem Vorbild des amerikanischen Dadant-Kastens entwickelt. Die heute weltweit verbreitete Langstroth-Beute wurde um 1860 vom Amerikaner *Lorenzo Langstroth* erfunden. Magazinbeuten sind also älter als Hinterbehandlungskästen, die heute fast nur noch in deutschsprachigen Ländern Verwendung finden.

Wahl des Kastentyps

Der Anfänger kann seine Völker sowohl in Schweizerkästen als auch in Magazinbeuten halten (die unterschiedliche Betriebsweise wird in Teil III beschrieben). Er sollte zu Beginn nicht mehr als fünf Bienenvölker betreuen. Am besten richtet er sich vorerst einen Freistand möglichst nahe an seinem Wohnsitz ein, damit er seine «Schützlinge» täglich beobachten kann.

Es geht auch ohne Bienenhaus: Schweizerkästen können ebensogut im Freien aufgestellt werden. Bei diesem Stand dienen alte Kästen als Auflager. Zudem kann darin Werkzeug oder Material gelagert werden.

Einfach, kostengünstig und selbst gebaut sind die Magazinbeuten, hier Langstroth-Flachzargen. Ansteckbare Fluglochnischen und Flugbretter erleichtern den Bienen das Leben.

Schweizerkasten

- Er fasst 12 bis 16 hochformatige Brutwaben und 2 Honigräume.
- Die Waben stehen quer zum Flugloch und werden mit Deckbrettchen abgedeckt und hinten mit Fensterchen abgeschlossen.
- Das Volk wird von hinten bearbeitet, jede Wabe wird einzeln aus dem Kasten gehoben.

Beim Kauf sollte darauf geachtet werden, dass der Kasten mindestens 14 Brutwaben und 2 Honigräume fasst, der Abstand zwischen Boden und Brutwabenrahmen mindestens 2 cm beträgt und die Fluglochöffnung 30 cm lang und 2 cm hoch ist. Die Schweizerkästen werden üblicherweise im Bienenhaus aufgestellt; sie können eng aneinandergeschoben und gestapelt werden.

Das **Bienenhaus** ist für die Freizeit- und Wochenend-Imkerei ideal. Es vereint Wohnstätte der Bienen mit Arbeits- und Lagerraum der Imkerin oder des Imkers. Die Völker können ungestört und auch bei regnerischem Wetter bearbeitet werden. Ein Fahrzeug als Warentransportmittel ist nicht unbedingt erforderlich. Besonders vorteilhaft ist, wenn im Bienenhaus auch geschleudert werden kann. Der Schleudermotor lässt sich mittels Solaranlage betreiben. Wasser ist aus hygienischen und arbeitstechnischen Gründen unerlässlich. Zweckmässig ist eine Regenwasserfassung.

Die grossen Brut- und die kleinen Honigwaben des Schweizerkastens werden mit Hilfe der Wabenzange einzeln und von hinten aus dem Kasten gehoben.

Schweizerkasten von hinten.

Schweizerkasten von vorne mit aufgeschraubter Wanderflugloch-Nische.

Der Magazinkasten bietet Überblick über alle Waben. Sie werden von oben herausgezogen. Die Zargen können mitsamt allen Waben aufgesetzt oder abgehoben werden.

Magazin

- Es fasst pro Zarge (je nach System) 9 bis 12 querformatige Brut- oder Honigwaben.
- Pro Volk werden (je nach Volksstärke) 2 bis 5 Zargen aufeinander gestapelt.
- Die Waben stehen längs zum Flugloch.
- Der Boden besteht aus einem Holzrahmen mit bienendichtem Metall- oder Kunststoffgitter. Unterhalb des Gitters kann eine Holzplatte eingeschoben werden (Schiebeboden).
- Das Volk wird von oben bearbeitet. Die Waben können einzeln herausgezogen oder die Zargen (schichtweise) abgehoben und aufgesetzt werden.

Beim Kauf sollte darauf geachtet werden, dass der lose Beutenboden ein bienendichtes Gitter enthält und die Beute nach den Originalmassen gebaut ist, damit sie bei Bedarf verkauft werden kann.

Magazine werden üblicherweise auf einem **Freistand** aufgestellt (siehe Seite 17 und Seite 84).

Freistände lassen sich schnell auf- und abbauen, sie eignen sich gut für die Wanderimkerei. Anstelle eines Bienenhauses braucht es einen Lagerraum.

Bewährte Magazintypen sind:
- Dadant-Blatt (Westschweiz, Frankreich, Italien)
- Zander (Deutschland, Österreich)
- Langstroth (USA, international, für die Schweiz empfehlenswert ist die Langstroth-Flachzarge)

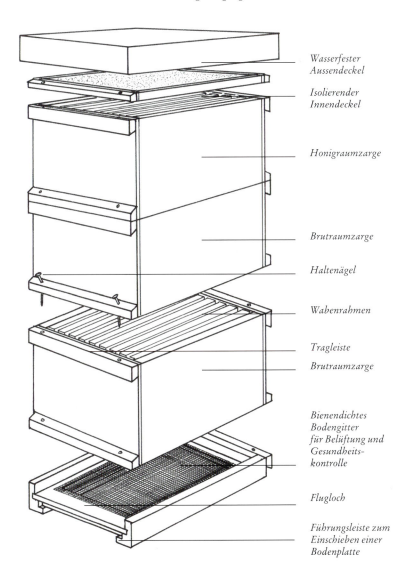

Dreiteiliges Zander-Magazin. Ein Bienenvolk besetzt (je nach seiner Entwicklung) 1 bis 5 Zargen. Die Unterscheidung in Brut- und Honigraumzargen ist «theoretisch». Je nach Höhe des Magazins und Stärke des Volkes wird die Brut in mehr als zwei Zargen angelegt.

Wasserfester Aussendeckel
Isolierender Innendeckel
Honigraumzarge
Brutraumzarge
Haltenägel
Wabenrahmen
Tragleiste
Brutraumzarge
Bienendichtes Bodengitter für Belüftung und Gesundheitskontrolle
Flugloch
Führungsleiste zum Einschieben einer Bodenplatte

Vorteile des Schweizerkastens:

- Volk kann am Fenster beobachtet werden.
- Auch an nur mässiger Trachtlage gibt es etwas Honig zu ernten (dank hochformatiger Brutwabe).
- Rücken wird geschont, weil nur einzelne Waben gehoben werden müssen.

Nachteile:

- Zeitaufwändig, weil jede Wabe einzeln herausgezogen und eingeschoben werden muss.
- Schwarmkontrolle, Wabenbau umstellen und Futterkontrolle sind erschwert.

Vorteile des Magazins:

- Volk kann rationell und speditiv bearbeitet werden.
- Waben können zargenweise aufgesetzt oder abgehoben werden.
- Schwarm- und Futterkontrolle sind schnell durchführbar.

Nachteile:

- Rücken wird stark beansprucht.

Bienenvölker scheinen weder das eine noch das andere Kastensystem zu bevorzugen. Sie entwickeln sich in beiden Kästen gleich gut oder schlecht, je nach ihren inneren (genetischen) Gegebenheiten und den äusseren Umständen (Wetter, Tracht, Eingriffe des Imkers). Beobachtungen an wild lebenden Bienenvölkern haben gezeigt, dass sie Hohlräume bevorzugen, die ein Volumen von 45 bis 60 Litern aufweisen und sich über 3 Metern ab Boden befinden.

Werkzeuge

Schweizerkasten

Imkerpfeife
Stockmeissel
Wabenzange
Bienenbürste
Bienentrichter mit Schleier

Magazin

Zugwaage mit Stellring
Imkerschleier
Stockmeissel
Bienenbürste
Rauchapparat

Honigernte

Entdeckelungshobel
Entdeckelungsgabel
Entdeckelungsmesser
Feinmaschiges, grosses Honigsieb

Honigwabenernte. Nachdem der grösste Teil der Bienen mit einem Faustschlag auf den Rahmenschenkel der Wabe abgeklopft wurde, wischt man die restlichen mit der Bienenbürste ab.

Stockmeissel
Zum Lösen der angekitteten Beutenteile, zum Auskratzen der Kästen und Reinigen der Wabenrahmen.

Bienentrichter
Zum Auffangen der abgeklopften oder abgebürsteten Bienen.

Imkerpfeife
Zum Erzeugen von Rauch. Rauch bedeutet für die Bienen «grosse Gefahr»; sie ziehen sich deshalb in den Stock zurück, suchen Vorratszellen auf und füllen ihre Honigblase mit Honig, damit sie für eine allfällige Flucht gerüstet sind.

Als Brennmaterial für die Imkerpfeife eignen sich mittelgrobe Tabakabfälle, die mit Hilfe einer Campinggasflamme durch das Lüftungsgitter im Pfeifenboden angezündet werden.

Wabenzange
Zum Herausziehen und Halten der Waben.

Bienenbürste oder Gänsefeder
Zum Abbürsten der Bienen von den Waben.

Reinigungskrücke (nicht im Bild)
Zum Ausschaben des Kastenbodens bei eingehängten Brutwaben.

Raucher und Stockmeissel sind die wichtigsten Werkzeuge des Magazinimkers. Mit dem Stockmeissel wird der angekittete Beutendeckel gelöst.

Imkerschleier
Zum Schutz des Gesichts.

Rauchapparat
Wie beim Schweizerkasten. Als Brennmaterial eignen sich morsche Holzstücke oder reine Jute. Jutesäcke werden in ca. 10 cm breite Streifen geschnitten, zusammengerollt, mit der Campinggasflasche angezündet und in den Raucher gestellt. Zur Geschmacksverbesserung werden ein paar Weihrauchharzstücke aufgelegt. Um den Raucher auszulöschen, wird die Ausblasöffnung mit Gras verstopft.

Stockmeissel
Zum Lösen der angekitteten Beutenteile, zum Auskratzen der Kästen und Reinigen der Wabenrahmen.

Bienenbürste oder Gänsefeder
Zum Abbürsten der Bienen von den Waben.

Aus der Radialschleuder fliesst der Honig durch ein grossflächiges Sieb in ein Honiglagergefäss aus Edelstahl oder Kunststoff.

Feinmaschiges Honigsieb
Schleuderhonig enthält viele Wachspartikel, die ausgesiebt werden müssen.

Entdeckelungsgabel
Entdeckelungshobel
Entdeckelungsmesser
Die Bienen verschliessen die vollen Zellen mit einer wasser- und luftdichten Wachsschicht. Diese Wachsdeckel muss die Imkerin oder der Imker vor dem Ausschleudern entfernen (siehe Honigernte Seite 71).

Honigschleudern
In der Tangentialschleuder hängen die Waben in einem viereckigen Korb «tangential» zum Schleuderkessel (siehe Seite 71). Um die Waben beidseitig zu leeren, müssen sie mehrmals gewendet werden (zeitintensive Schleuderung). In der Radialschleuder stehen die Honigwaben «radial» zum Kessel. Die Waben müssen nicht gewendet werden. Beide Schleudertypen sind von Hand oder mit Elektromotor betreibbar.

Arbeit und Verdienst

Arbeit

Aufgrund der Berechnungen von Berufsimkereien (Betrieb mit mindestens 100 Völkern) müssen pro Volk und Jahr insgesamt 12 Arbeitsstunden eingesetzt werden. In dieser durchschnittlichen Zeit sind alle Arbeiten wie Jungvolkbildung, Königinnenzucht, Wanderung, Honigverkauf und Wegstrecken miteingeschlossen. Einem Hobby-Imker mit 10 bis 20 Völkern wird die Arbeit nie so schnell von der Hand gehen wie einem Berufsimker; zudem ist sein Kleinbetrieb kaum so rationell eingerichtet. Er muss deshalb mit einem Aufwand von 15 Stunden pro Volk und Jahr rechnen. Ein Anfänger braucht für seine Völker doppelt so viel Zeit.

Die imkerliche Hauptarbeit fällt von Ende April bis Mitte Juni und von Ende Juli bis Mitte September an. In dieser Zeit sollte ein Hobby-Imker pro 10 Völker insgesamt einen Arbeitstag pro Woche für seine Bienen freihalten können. Er muss auch seine Ferien entsprechend planen.

Bestäubung
Die Bestäubungsarbeit der Biene sichert oder verbessert den Ertrag landwirtschaftlicher Produkte. Der Tisch ist reich gedeckt.

Honig und Honigprodukte
Schweizer Bienenhonig ist sehr beliebt, aber er verkauft sich nicht von selbst. Für den Verkauf der Honigprodukte muss eine Imkerei etwa gleich viel Zeit aufwenden, wie für die Arbeit an den Völkern. Links: Blütenhonig. Mitte: Waldhonig. Rechts: Wabenhonig. Dies ist Honig in seiner natürlichsten Form. Die honiggefüllten Zellen werden mit einem Messer oder Löffelchen oberhalb der Mittelwand abgeschabt und aufs Brot gestrichen. Dadurch gelangt auch Bienenwachs mit Propolisüberzug in den Körper, was vermutlich besonders heilsam ist.

Verdienst

Bei einem Preis von Fr. 20.– pro kg Honig deckt ein durchschnittlicher Ertrag von 8 kg pro Volk und Jahr die laufenden Ausgaben und Abschreibungen ab. Erst bei einer Ernte über 8 kg kann sich der Imker «entlöhnen» oder abgesicherte Investitionen tätigen. Der deutschschweizerische durchschnittliche Ertrag liegt bei 8,5 kg pro Volk und Jahr. Es wird deutlich, dass der Gewinn der Imkerei nicht ausschliesslich finanzieller Art sein kann.

Teil II

Bienen sind, nebst Ameisen und Termiten, die einzigen staatenbildenden Insekten, die das ganze Jahr zu überdauern vermögen. Hummel-, Wespen- und Hornissenvölker sterben im Herbst ab, nur deren Jungköniginnen überwintern an geschützten Orten und müssen sich jeden Frühling ein neues Volk aufbauen. Die Honigbienen legen sich im Sommer grosse Honigvorräte an, damit sie im Winter als Volk überleben können. Ein Bienenvolk braucht pro Jahr 30 bis 60 kg Blütenstaub und 60 bis 80 kg Honig.

Arbeiterinnen füttern nicht nur die Königin und die Drohnen im Bienenstock, sie tauschen auch untereinander regelmässig und häufig Futter aus und betasten sich mit ihren Fühlern. Dieses Verhalten verstärkt den Zusammenhalt und die Identität des Volkes.

Der sozialste aller Staaten

Früher wurde das Bienenvolk der «Imme» oder der «Bien» genannt. Es kann als ein Organismus betrachtet werden, der sich aus drei Wesen oder «Kasten» zusammensetzt, den *Arbeiterinnen*, der *Königin* und (im Sommerhalbjahr) den *Drohnen*. Der Wabenbau gibt dem Organismus Halt und Struktur. Die Wabenzellen sind «Wiegen» für die Brut und Gefässe für den Honig und den Blütenstaub.

Bienenvolk

Das Bienenvolk durchlebt während eines Jahres zwei Entwicklungsphasen, eine Zusammenzugs- und eine Ausdehnungsphase. Sie entsprechen zeitlich der absteigenden und der aufsteigenden Sonnenbahn. Die Phase des Zusammenzugs beginnt (von aussen kaum bemerkbar) nach dem längsten Tag. Der Brutrhythmus verlangsamt sich, die Brutanlage wird allmählich kleiner. Im Bienenvolk bilden sich von Ende Juli bis September Winterbienen. Sie leben 6 bis 9 Monate lang. Ende November und im Dezember legt die Königin normalerweise keine Eier mehr. Die kurzlebigen Sommerbienen sterben aus, die Winterbienen ziehen sich zur Wintertraube zusammen.

Die Ausdehnungsphase beginnt nach dem kürzesten Tag. Im Januar bestiftet die Königin im Zentrum der Winterkugel die ersten Brutzellen. Drei Wochen später schlüpfen daraus Jungbienen. Aber das Volk wächst noch nicht sichtbar an, im Gegenteil. Oft sterben im März und April mehr Winterbienen ab als Jungbienen nachschlüpfen. Gesunde, gut verproviantierte[1] Völker überwinden diese kritische Zeit schadlos und dehnen Brut- und Volkskörper immer mehr aus, ihrer inneren, erblich vorbestimmten «Entwicklungsuhr» entsprechend. Vor dem Entwicklungshöhepunkt im Juni will sich das Bienenvolk vermehren. Die Bienen bauen in dieser Zeit am Rande des Brutnestes senkrecht hängende, sackähnliche Königinnenzellen. Zuerst, bevor die Jungköniginnen schlüpfen, verlässt ein Vorschwarm mit der alten Stockmutter «Haus und Heim» und sucht sich eine neue Nisthöhle. 5 bis 10 Tage später können auch Nachschwärme mit Jungköniginnen neue Völker gründen, bis das Restvolk im Mutterstock eine Jungkönigin zum Bleiben veranlasst. Diese «Auserwählte» wird schliesslich alle noch im Stock verbliebenen Rivalinnen zu Tode stechen.

Expansions- und Kontraktionsphase sind auch durch das Entstehen und Verschwinden der Drohnen, der männlichen Bienen, gekennzeichnet. Ihre Zahl nimmt im April, Mai und Juni zu (200 bis 2000) und verringert sich im Juli, August und September. Im Winter leben im Bienenvolk normalerweise keine Drohnen mehr.

Das Bienenvolk folgt in seiner Entwicklung dem Lauf der Sonne.

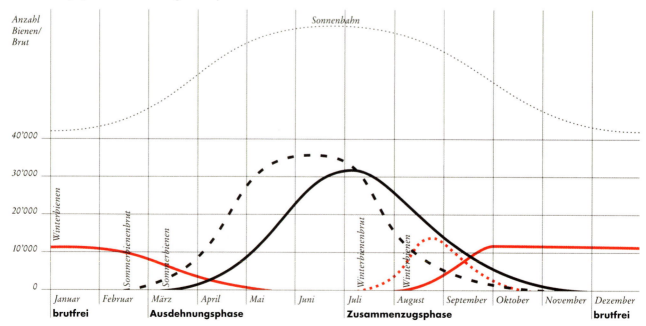

---

[1] *verproviantiert* = mit Nahrung versehen (Imkersprache)

Arbeiterinnen

Die Biene, die wir auf Blumen beobachten können, wird Arbeiterin genannt. Ein ausgewachsenes Volk zählt im Sommer um die 25 000 bis 30 000, im Winter um die 5000 bis 12 000 Arbeiterinnen. Sie sammeln Nektar, Honigtau, Blütenstaub, Kittharz und Wasser, verteilen die Nahrung an Brut, Königin, Drohnen oder ihre Schwestern, bauen die Waben, regulieren Wärme und Feuchtigkeit im Stockinnern und schützen das Volk gegen aussen. Die Arbeiterin im Sommer ist kurzlebig (3 bis 4 Wochen), im Winter langlebig (6 bis 9 Monate).

Wie bei allen Insekten ist der Bienenkörper zwischen Kopf und Brust und zwischen Brust und Hinterleib tief eingeschnitten, was ihm grosse Wendigkeit verleiht. Anstelle eines inneren, haltgebenden Knochenbaus verfügen die Insektenkörper über eine harte Aussenschale (Chitinpanzer). Wie eine mittelalterliche Ritterrüstung ist dieser Panzer in bewegliche Segmente unterteilt und schützt die weichen Organe im Körperinnern.

Körperbau der Arbeiterin

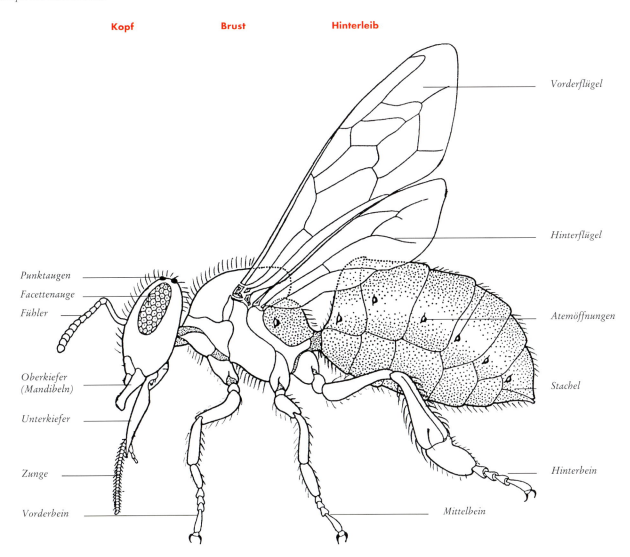

Lebenslauf einer Arbeiterin

Die «Berufe», die die Biene im Laufe ihres Lebens ausübt, werden einerseits durch die Entwicklung der Futtersaft- und Wachsdrüsen und andererseits durch die Bedürfnisse und Zustände des Volkes bestimmt.

Die Entwicklung der Drüsen ist in erster Linie vom Alter der Biene abhängig. Aber dies geschieht nicht nach einem starren Schema. Bei Bedarf oder im Katastrophenfalle können alte Sammlerinnen ihre Wachsdrüsen erneut aktivieren und als Baubienen einspringen, oder junge Baubienen können früher als üblich als Sammlerinnen rekrutiert werden. Die Tätigkeiten der Einzeltiere richten sich nach den Bedürfnissen des Volkes.

1. – 4. Tag

Zellen putzen
Die Putzbiene glättet die Innenwände der Brutzellen und bessert deren Ränder aus.

Brut pflegen
Die Ammenbiene füttert die ein- bis dreitägigen Arbeiterinnenlarven mit reinem Futtersaft (Gelée Royale). Die vier- bis achttägigen Larven erhalten ein Honig-Pollen-Futtersaft-Gemisch.

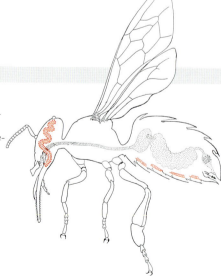

Voll ausgebildete Futtersaftdrüsen   *Wachsdrüsen im Aufbau*

Waben bauen
Die Baubiene «schwitzt» am Bauch ihres Hinterleibes Wachsblättchen aus und baut damit neue Waben.

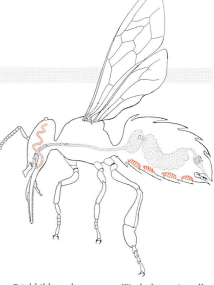

Rückbildung der Futtersaftdrüsen   *Wachsdrüsen in voller Entfaltung*

19. – 21. Tag

Volk bewachen
Die Wächterin steht aufgerichtet und mit geöffneten Kieferzangen vor dem Flugloch.

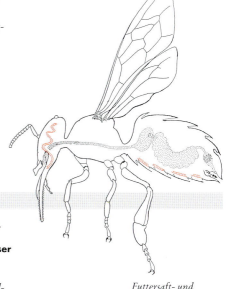

Nektar, Honigtau, Blütenstaub, Kittharz und Wasser sammeln
Wasser holen ist die gefährlichste Sammelarbeit. Sie wird von den ältesten Bienen ausgeführt.

Futtersaft- und Wachsdrüsen sind zurückgebildet

Äussere «Werkzeuge» der Arbeiterin

Die Arbeiterin kann nahezu jederzeit alle ihr zugedachten Arbeiten ausführen, dank der «Hilfseinrichtungen» und «Werkzeuge» (Organe), die sie immer bei sich hat. Jede Biene arbeitet immer für sich alleine. Aufgrund vielfältiger Signale, die sie vom Volk empfängt, entscheidet sie selber, was sie tun will. Die Summe aller Einzeltier-Arbeiten ergibt die für uns erstaunliche Gesamtleistung eines Volkes.

Flügel
Im Flug werden Vorder- und Hinterflügel zu einer Tragfläche zusammengehakt.

Drei Punktaugen
Zum Wahrnehmen des Dämmerungslichtes.

Fühler (Antennen)
Zum Fühlen, Schmecken, Riechen und Tasten.

Facettenaugen
(aus 5000 Einzelaugen zusammengesetzt)
Zum Sehen der Farben, der sich rasch verändernden Formen im Flug und des polarisierten Lichtes.

Saugrüssel
Zum Aufsaugen von Flüssigkeiten.

Vorderbein mit Putzscharte
Zum Reinigen der Fühler.

Ausgestülpte Duftdrüsen

Die Bienen «sterzeln». Die fächelnden Flügel verbreiten eine Duftwolke zum Anlocken der Volksgenossinnen.

Ausgestreckter Stachel mit Gifttropfen, ausgestülpte Alarmduftdrüse

Zum Alarmieren der Stockgenossinnen und zum Stechen der Feinde.
    Die Biene sticht, weil sie sich bedroht fühlt und ihr Volk vor Feinden schützen will. Der Stachel ist mit Widerhaken versehen und bleibt in der elastischen Menschen- oder Säugetierhaut stecken. Auf der Flucht reisst sich die Biene den gesamten Stechapparat mitsamt der Giftblase aus dem Leib. Die Giftblase kann nun ihren ganzen Inhalt durch den Stachel in die Stichwunde abgeben, was die Wirkung des Stiches erhöht.

Innenseite des Hinterbeines mit dem Bürstchen

Die Baubiene braucht die Bürstchen zum Aufspiessen der Wachsblättchen.
    Die Pollensammlerin reibt mit den Vorder- und Mittelbeinen die Pollenkörner aus ihrem Haarkleid. Sie feuchtet den Pollen mit Nektar an und streift ihn auf den Bürstchen der Hinterbeine ab. Durch das Aneinanderreiben der Bürstchen gelangt der Pollen mit Hilfe des Pollenschiebers auf die Aussenseite der Hinterbeine, in das Pollenkörbchen. So entsteht das Pollenhöschen.

Innere «Werkzeuge» der Arbeiterin

Die Arbeiterin ist ein weibliches Tier mit zurückgebildeten Eierstöcken. Sie kann nicht durch Drohnen befruchtet werden. Unter abnormen Umständen legt sie Eier, daraus entstehen nur Drohnen (siehe Seite 88).

Die aus menschlicher Sicht keusche Lebensweise der Arbeiterin, ihr Fleiss und ihre geheimnisvolle Befähigung zur Honig- und Wachserzeugung hat die mittelalterliche Kirche veranlasst, die Biene zum Symbol eines frommen und gottgefälligen Lebenswandels auszuwählen.

In früheren Hochkulturen galt die Biene als Symbol der Weisheit und Wahrheit.

Kopfspeicheldrüsen
liefern ein öliges Sekret, das den Wachsblättchen beigemengt wird.

Futtersaftdrüsen
liefern Futtersaft für die Larven und Enzyme, Vitamine, Eiweiss-, Fett- und Mineralstoffe für den Honig.

Brustspeicheldrüsen
liefern eine Flüssigkeit zum Auflösen von Zucker und kandiertem Honig.

Oberkieferdrüsen
liefern Lösungsmittel bei der Verarbeitung von Wachs, Pollen und Propolis.

Fussdrüsen
liefern ein wachshaltiges Sekret mit einem Duftstoff zum Markieren.

Zudem finden sich im Bienenkörper:
- *Oberes und unteres Zwerchfell im Hinterleib (unterstützen die Blutzirkulation)*
- *Fettkörper (Nahrungsreservepolster)*
- *Hirn- und Nervenstrang*
- *Flügelmuskulatur im Brustabschnitt*
- *Luftadern (Tracheen) mit Luftsäcken*
- *Malpighische Gefässe (Nieren)*

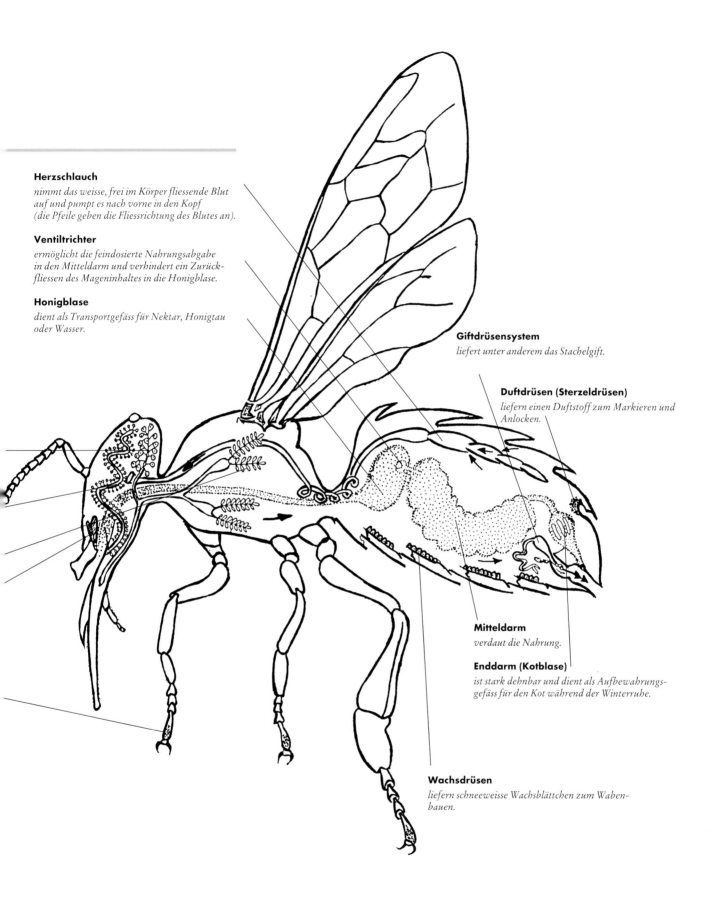

Herzschlauch
nimmt das weisse, frei im Körper fliessende Blut auf und pumpt es nach vorne in den Kopf (die Pfeile geben die Fliessrichtung des Blutes an).

Ventiltrichter
ermöglicht die feindosierte Nahrungsabgabe in den Mitteldarm und verhindert ein Zurückfliessen des Mageninhaltes in die Honigblase.

Honigblase
dient als Transportgefäss für Nektar, Honigtau oder Wasser.

Giftdrüsensystem
liefert unter anderem das Stachelgift.

Duftdrüsen (Sterzeldrüsen)
liefern einen Duftstoff zum Markieren und Anlocken.

Mitteldarm
verdaut die Nahrung.

Enddarm (Kotblase)
ist stark dehnbar und dient als Aufbewahrungsgefäss für den Kot während der Winterruhe.

Wachsdrüsen
liefern schneeweisse Wachsblättchen zum Wabenbauen.

Bienentänze als Verständigungsmittel

Im 20. Jahrhundert sind die Bienen wegen ihrer Tanzsprache allgemein berühmt geworden. Der Insektenforscher *Karl von Frisch* hat die Tanzsignale um 1940 als erster entschlüsselt. Seine grundlegenden Arbeiten wurden von *Martin Lindauer*, *Thomas Seeley* und andern Forscherinnen und Forschern weitergeführt und vertieft.

Eine Sammlerin vermag ihren Artgenossinnen im dunklen Stock mitzuteilen, wo sie Nektar, Pollen, Propolis oder Wasser gefunden hat. Ist der Fundort über 100 m weit entfernt, macht die Biene einen Schwänzeltanz. Arbeiterinnen, die zum Sammelflug bereit sind, folgen den Bewegungen der Tänzerin und können daraus die Richtung und die Distanz zum Fundort ablesen. Sie erhalten vorgängig von der Tänzerin eine Kostprobe ihres Sammelgutes.

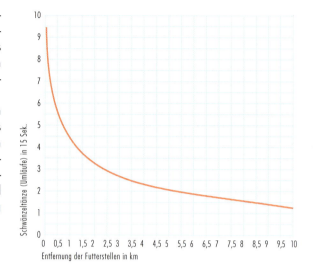

Die Distanz zum Fundort wird durch die Geschwindigkeit des Schwänzeltanzes und die durch das Rütteln des Hinterleibes erzeugte Schallfrequenz angegeben. Die Kurve zeigt, wie das Tanztempo mit zunehmender Entfernung abnimmt.

Beispiel: Macht die Tänzerin in 15 Sekunden 6 volle Umläufe, dann ist der Fundort 500 m weit entfernt.

Schwänzeltanz einer Sammlerin
Vier Bienen folgen ihr. Mit ihren Fühlern entnehmen sie dem Tanz die Informationen über Richtung und Distanz des Fundortes.

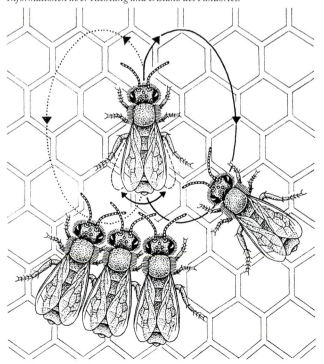

Form des Schwänzeltanzes
Die Sammlerin beschreibt in ihrem Tanz eine «zusammengedrückte Acht». Sie läuft im Halbkreis einmal rechts- und einmal linksherum. Der Tanz kann einige Sekunden oder auch mehrere Minuten lang dauern. Auf der wellenförmig gezeichneten Laufstrecke schüttelt sie ihren Hinterleib hin und her. Eine volle «Acht» wird als ein Umlauf bezeichnet.

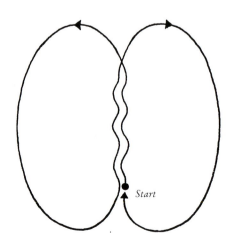

Die Richtung des Fundortes (x) wird in Bezug zum Sonnenstand angegeben: der Winkel zwischen Sonnenstand und Fundort entspricht im Bienenstock dem Winkel zwischen der Lotlinie und der Schwänzeltanzrichtung.

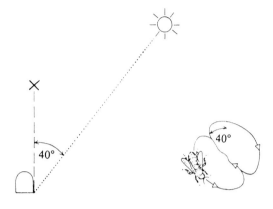

Beispiel:
Der Fundort liegt in der Richtung zum Sonnenstand. Der Schwänzellauf auf der Wabe verläuft senkrecht nach oben.

Beispiel:
Der Fundort liegt 40° links vom Sonnenstand. Der Schwänzellauf auf der Wabe weicht von der Lotlinie 40° nach links ab.

Rundtanz

Ist der Fundort weniger weit als 100 m vom Bienenstock entfernt, so macht die Sammlerin einen Rundtanz.

Form des Rundtanzes

Der Rundtanz kann als Vor-Form des Schwänzeltanzes betrachtet werden, eine langgezogene, auf eine Kreislinie gelegte «Acht». Er enthält keine Richtungsanweisung.

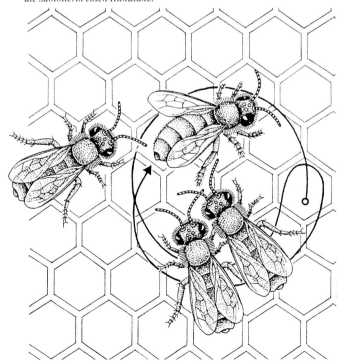

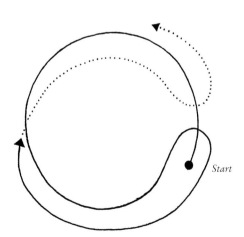

Königin

Königin mit Hofstaat
Die Königin wird unablässig von Arbeiterinnen umringt, die sie putzen, füttern und mit den Fühlern betasten. Der Imker hat auf dem Rückenschild der Königin einen Farbtupfer aufgemalt, damit er sie im Volk schnell finden kann.

In jedem Bienenvolk lebt eine Königin. Wie eine unsichtbare Haut hält sie mit Hilfe von Aussonderungen bestimmter Drüsen das Volk zusammen. Diese Sekrete werden Pheromone[1] genannt.

In Körperbau und Aufgaben unterscheidet sich die Königin von den Arbeiterinnen. In ihrem langgezogenen Hinterleib befinden sich zwei Eierstöcke und eine Samenblase, in der die von den Drohnen übergebenen Samen jahrelang aufbewahrt werden können. Sie sichert dem Volk die Nachkommenschaft und legt unablässig Eier, 100 bis 1500 pro Tag, je nach ihrem inneren, erblich bestimmten Legerhythmus und den äusseren Umständen in Volk und Umwelt. Aus Eiern, die sie mit Spermien aus ihrer Samenblase befruchtet, entstehen Arbeiterinnen. Aus unbefruchteten Eiern entstehen Drohnen.

In ihrem langen, bis fünfjährigen Leben fliegt sie nur wenige Male aus dem dunklen Stock. Nach ihrer Geburt unternimmt sie ein paar Orientierungsflüge, verlässt den Stock ein- bis dreimal zur Begattung, denn die Königin kann sich nur im Flug, nie im Stock von Drohnen befruchten lassen, und wechselt vielleicht noch ein- oder zweimal die «Wohnung», falls das Volk schwärmt.

Normalerweise wird die Königin ständig von einem «Hofstaat», der aus etwa einem Dutzend Bienen besteht, gefüttert und gepflegt, auch der Kot wird ihr abgenommen. Sie vermag aber auch selber Honig aus den Waben aufzunehmen.

[1]
Pheromone = Sekrete, die *ausserhalb* eines Körpers Botschaften von Körper zu Körper weiterleiten. Vergleiche: *Hormone* = Sekrete, die *innerhalb* eines Körpers Botschaften von Organ zu Organ weiterleiten.

Drohnen

Die Drohnen sind die männlichen Tiere im Bienenvolk. Ihr Hinterleib ist breit gebaut und enthält die Geschlechts- und Begattungsorgane, aber keinen Stachel. Ihre Augen und Fühler sind bedeutend grösser als die der Arbeiterinnen oder der Königin.

Im Winter ist das Volk normalerweise drohnenfrei. In milden Gegenden mit frühem Frühjahresbeginn entstehen die ersten Drohnen im Februar/März, die letzten verschwinden im September/Oktober. Pro Saison werden bis zu 2000 Drohnen aufgezogen. Sie ernähren sich selbst von den Honigvorräten des Volkes oder werden von den Arbeiterinnen gefüttert, aber sie befliegen weder Blüten noch verrichten sie Arbeiten im Stock. Ihre Anwesenheit verleiht dem Volk Wärme und Harmonie. An wolkenlosen, warmen Tagen fliegen sie mehrmals täglich einige Minuten bis eine Stunde lang aus und halten sich in der Luft an bestimmten Drohnensammelplätzen auf. Eine Jungkönigin durchfliegt mehrmals solche Sammelplätze und wird insgesamt von 7 bis 12 Drohnen begattet. Die Drohne presst im Flug ihren Begattungsschlauch in die Stachelkammer der Königin. Dabei stirbt die Drohne und fällt zu Boden (siehe Seite 66).

Eine Drohne lebt durchschnittlich 30 bis 40 Tage lang. Ab Juli/August verweigern die Arbeiterinnen den Drohnen die Nahrung. Sie werden in honigfreie Ecken des Bienenstockes abgedrängt, wo sie verhungern, oder werden gewaltsam aus dem Bienenstock geworfen.

Eine Drohne lässt sich von einer Arbeiterin füttern.

Dieser heimkehrenden Drohne wird der Stockzutritt gewaltsam verweigert. Arbeiterinnen packen sie an Flügeln und Beinen und zerren sie vom Flugloch weg. Dieses Verhalten wird «Drohnenschlacht» genannt.

Ein Vergleich der drei Bienenwesen

Geburtsstätten

Ausschnitt aus einer Wabe im Mai/Juni: bedeckelte Königinnenzelle (Weiselzelle); leere und bedeckelte Drohnenzellen, eine Drohnenzelle kurz vor der Verdeckelung; leere Arbeiterinnenzellen und unförmige Übergangszellen zwischen Arbeiterinnen- und Drohnenzellen.

Arbeiterinnenzelle

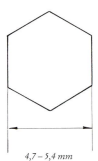

4,7 – 5,4 mm

Tiefe: 10 – 12 mm

Königinnenzelle

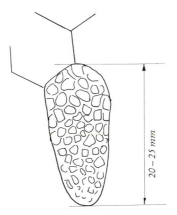

20 – 25 mm

Drohnenzelle

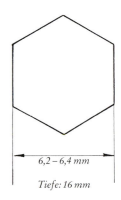

6,2 – 6,4 mm

Tiefe: 16 mm

Entwicklung vom Ei zum ausgewachsenen Insekt

1 2 3 4 5 6 7 8 9 10 11 12 13 14 15 16 17 18 19 20 21 22 23 24 Tage

Arbeiterin

Königin

Drohne

Arbeiterinnen und Drohnenzellen sind liegend, Königinnenzellen senkrecht hängend.

Körperbau

Arbeiterinnen
- *15 mm lang*
- *schlanker Hinterleib*
- *Sammelbeine mit Körbchen*
- *verkümmerte Eierstöcke*
- *Stachel*

Königin
(Stern vom Imker aufgeklebt)
- *25 mm lang*
- *langer Hinterleib*
- *keine Sammelbeine*
- *Eierstöcke*
- *Stachel*

Drohnen
- *20 mm lang*
- *breiter Hinterleib*
- *keine Sammelbeine*
- *männliche Geschlechtsorgane*
- *kein Stachel*
- *grosse Augen*
- *lange Fühler*

Nest und Wabenbau

Stabilbau

Der Baumstamm wurde aufgeschnitten, um ein ursprünglich im Verborgenen lebendes Bienenvolk sichtbar zu machen. Die zungenförmigen Waben hängen senkrecht im Hohlraum und verlaufen parallel zueinander (siehe Bild Seite 72).

Mobilbau

Schweizerkasten Brutwaben
Links: Ausgebaute, frisch bestiftete Mittelwand (= Jungwabe)
Rechts: Ältere Brutwabe aus dem Zentrum eines Brutnestes im Frühjahr oder Spätsommer

Vor der Erfindung des Bienenkastens mit beweglichen, herausnehmbaren Wabenrahmen hielt man die Bienenvölker in strohgeflochtenen Körben. Sicht von unten auf das fest in den Korb gebaute Wabenwerk.

Wabenbau (Brutraum) in einem Beobachtungskasten. 2/3-Langstroth-Flachzargenwaben.

Als Behausung und Schutzhülle sucht sich der Bienenschwarm, der nicht eingefangen wird, einen Hohlraum (Baum, Felshöhle, Hauswand, Dach, Nistkasten). Wilde Völker bevorzugen einen Hohlraum von 45 bis 60 Liter Inhalt, der sich über 3 m ab Boden befindet.

In der Höhle baut sich der Bienenschwarm aus körpereigenem Wachs Waben, die parallel zueinander verlaufen und senkrecht hängen. Die Waben werden fest an die Höhlendecke und die Seitenwände angebaut.

Um das Volk im Bienenkasten kontrollieren, teilen und abernten zu können, hängt die Imkerin oder der Imker herausnehmbare Holzrähmchen mit eingelöteten Wachsplatten (Mittelwänden) in die Völker. Diese Mittelwände werden aus reinem Bienenwachs maschinell hergestellt und sind mit dem sechseckigen Zellmuster vorgeprägt. Die Bienen bauen die Zellen zu ihrer richtigen Grösse aus.

Herkunft des Wachses und Bau der Waben

Die Bienen bilden beim Bauen Ketten. Normalerweise bauen die Bienen von oben nach unten, es wird jedoch auch von unten nach oben und seitwärts gebaut.

Zum Bauen braucht es Wärme. Am Waben-Bauplatz herrscht eine konstante Temperatur von 35° C. Um diese Wärme erzeugen und halten zu können, ketten sich die Baubienen zu eng anliegenden Bienentrauben auf.

Auf der Unterseite des Hinterleibes «schwitzen» die Bienen in spezialisierten Hautzellen (Wachsdrüsen) schneeweisse Wachsblättchen aus.

Die Blättchen werden mit den Borsten der Hinterbeinferse aufgespiesst, blitzschnell nach vorne gebracht, mit den Vorderbeinen abgenommen und mit den Mandibeln gekaut. Dabei wird das Wachs mit Körpersekreten angereichert und geschmeidig gemacht. Schliesslich wird das gekaute Wachskrümelchen mit den Mandibeln an der Waben-Baustelle festgeklebt, in die richtige Lage gerückt und ausgeglättet.

Nest und Wabenbau (Fortsetzung)

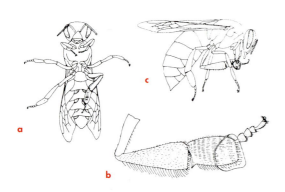

a Mit dem Bürstchen auf der Innenseite des Hinterbeines wird das Wachsblättchen aufgespiesst.
b Wachsschüppchen auf dem Bürstchen.
c Die Vorderbeine übernehmen das Wachsblättchen und reichen es an die Vorderkiefer (Mandibeln) weiter.

Das Bienenvolk baut nur, wenn

– die maximale Tagestemperatur mindestens 15° C beträgt,

– neue Zellen als Brutstätte oder zur Nektarablagerung wirklich benötigt werden,

– das Volk gesund ist und eine Königin hat.

Der Wabenbau kann von den Bienen jederzeit (ausser im Winter) vergrössert, verkleinert oder abgeändert werden und wird vielseitig genutzt:

Die Waben mit ihren Zellen

– geben dem Volk Halt, Orientierung und Struktur im Hohlraum,

– speichern Wärme dank ihrer Isolationsfähigkeit,

– sind Wiegen der Brut,

– sind Auffang- und Reifegefässe für den Nektar,

– sind Speicherkammern für den Honig und den Blütenstaub.

Die Zellwände oder Zelldeckel dienen zudem als Verdunstungsfläche für Wassertropfen, womit Feuchtigkeit und Temperatur im Stockinnern reguliert werden können.

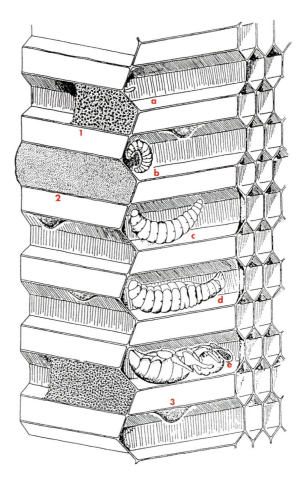

Die Zellen der Wabe dienen als Vorratskammern und als Brutstätte.

Vorratskammer
1 Pollen (eingestampft)
2 Honig (luft- und wasserdicht verschlossen)
3 Wassertropfen zur Verdunstung an der Zellwand «aufgehängt» (Temperatur- und Feuchtigkeitsregulierung)

Brutstätte
a Ei
b Rundmade
c Streckmade (luftdurchlässig verschlossen)
d Streckmade (Vorpuppe)
e Puppe oder Nymphe

Die Farbe des Bienenwachses:
weiss – gelb – braun – schwarz

Frisch errichteter Naturwabenbau ist fast schneeweiss, erst nach einigen Wochen oder Monaten erhält das Wachs durch Pollenöl und Propolis seine typisch goldgelbe bis beige-braune Farbe. Das meist gelbe Pollenöl, das im Pollenkorn enthalten ist, gelangt über die Mundwerkzeuge der Biene allmählich ins Bienenwachs. Das meist beige-braune Propolis dient dem Bienenvolk als Schutzanstrich. Der gesamte Wabenbau, alle Wabenrahmen und die Innenwände der Niststätte werden von den Bienen mit einer hauchdünnen Propolisschicht überzogen. Porpolis enthält Wirkstoffe, die das Pilz-, Viren- und Bakterienwachstum im feuchtwarmen Stockinnern hemmen. Zudem stabilisiert der Propolisüberzug den Wabenbau.

Die dunkelbraune bis schwarze Farbe der Wabenzellen stammt von der Bienenbrut. Jede ausschlüpfende Biene hinterlässt in ihrer Zelle eine Puppenhaut. Dieser Kokon bleibt an den Zellwänden haften und deckt den Madenkot auf dem Zellboden zu. Wird nun eine Zelle oftmals bebrütet, so verfärbt sie sich durch Puppenhäutchen und Madenkot braunschwarz. Alte, schwarze Waben werden dem Volk aus hygienischen Gründen regelmässig entnommen und durch Mittelwände ersetzt.

Zellen-Verschluss-Systeme:
konservierend oder atmungsaktiv

Vorratszellen, die reifen Honig enthalten, werden mit einem flachen Wachsdeckel luft- und wasserdicht verschlossen. Dazu wird Wachs der Zellränder genutzt, die bei älteren Waben viel Propolis enthalten. Deshalb sind die Honigzelldeckel auf älteren Waben dunkelbraun. Zelldeckel junger, hellgelber Waben hingegen sind schneeweiss.

Brutzellen, die neuntägige Maden enthalten, werden mit leicht gewölbten, luftdurchlässigen Zelldeckeln abgeschlossen. Das Wachs dieser Deckel enthält kleine Stückchen von Puppenhäutchen; dadurch wird der Deckel porös. Im Innern der verschlossenen Zelle vollzieht sich die Metamorphose (Umwandlung) der Bienenlarve zur ausgewachsenen Biene. Wenn die Biene schlüpft, wird ein Teil des abgenagten Deckelmaterials bei einer andern Brutzelle gleich wiederverwendet, an den Rändern leerer Zellen festgeklebt und zwischengelagert oder fällt in Form kleiner, dunkelbrauner Wachskrümel auf den Kastenboden.

Luftdicht verschlossene Honigzellen im obersten Drittel der Schweizerkasten-Brutwabe. Darunter die kreisförmig angelegte Brut. Unter den luftdurchlässigen, leicht gewölbten Brutzelldeckeln verwandeln sich die Rundmaden in ausgewachsene Bienen. Zwischen Brutanlage und verdeckeltem Honigkranz befinden sich offene Zellen mit Honig und Pollen.

Teil III

Die Jahreszeiten Frühling, Sommer, Herbst und Winter sind durch die Beziehungen zwischen Erd- und Sonnenbahn vorbestimmt. Trotzdem gleicht kein Jahr dem andern. Immer wieder ist das Wetter «anders als gewohnt».

Die Schweiz befindet sich nicht nur sprachlich-kulturell in einem Grenz- und Übergangsgebiet, sondern auch klimatisch. Kontinental-, Atlantik- und Mittelmeerklima prägen unsere regionalen Wetterlagen, was sich auf die Vegetation, die Entwicklung der Bienenvölker und auf die Arbeit des Imkers auswirkt. Aus diesen Gründen muss der auf den folgenden Seiten vorgezeichnete Jahresablauf den regionalen und jährlichen Gegebenheiten angepasst werden.

Das Imkern ist, wie jedes ursprüngliche Handwerk, eine Kunst, die jede Imkerin und jeder Imker auf ihre oder seine persönliche Art betreibt. Um das Richtige zur richtigen Zeit zu

Scherenschnitt von Waltraut Wohlfarter
Drew, Südafrika, 1991

Ein Jahr mit Bienenvolk und Imker

tun, braucht es Wissen, Eingebung und Einfühlungsvermögen.

Die Darstellung der imkerlichen Arbeiten auf den folgenden Seiten soll als eine Möglichkeit unter vielen verstanden werden. In einer zusammenfassenden Schrift müssen zudem viele Varianten der Völkerhaltung unerwähnt bleiben.

Hinweis für die Leserin oder den Leser: *Tracht und Wetter* und die *Entwicklung des Bienenvolkes* werden jeweils auf der linken Seite, die *Arbeiten der Imkerin und des Imkers* auf der rechten Seite dargestellt. Man kann diese Rubriken zuerst getrennt voneinander und dann im Vergleich zueinander studieren. Die Arbeiten des Imkers mit *Schweizerkasten* oder *Magazin* werden durch Schnittdarstellungen verdeutlicht.

Einleitung

Wetter und Tracht · Entwicklung des Bienenvolkes

Klimatypen

Das Klima in der Schweiz ist unstabil. Es wird durch drei sich gegenseitig beeinflussende und dadurch abgeschwächt wirkende Klimatypen geprägt:

Atlantisches Klima (feuchte, milde Winter, kühle Sommer) bewirkt zum Beispiel die Westwind-Wetterlage.

Kontinentales Klima (feuchte, kalte Winter, heisse, trockene Sommer) bewirkt zum Beispiel die Bisenlage.

Mittelmeerklima (feuchte Winter, warme, trockene Sommer) bewirkt zum Beispiel die Föhnlage.

Bedingt durch die grossen topographischen Unterschiede (Hügel, Gebirge, Täler, Seen) bestimmen charakteristische Kleinklimas die regionalen Wetterlagen.

Beeinflussung des Bienenvolkes

Die Entwicklung des Bienenvolkes wird durch das Zusammenwirken der erblich vorgegebenen Lebensweise des Volkes und durch die Gegebenheiten seines Standortes bestimmt. Der Eilegerhythmus der Königin, die Vermehrung des Volkes durch das Schwärmen, die Sammel-, Verteidigungs und Überwinterungsstrategien sind einerseits erblich festgelegt, andererseits werden sie durch viele äussere Umstände beeinflusst, das Wetter, das Trachtangebot, die Eingriffe des Imkers u. a.

Faktoren, die die Entwicklung des Bienenvolkes bestimmen

Erbgut
Anpassungs- und Widerstandsfähigkeit
Krankheiten
Feinde

ImkerIn Imker
Können
Wissen
Einfühlungsvermögen

Standort
Klima
Wetter
Vegetation (Angebot von Nektar, Pollen, Wasser)
Bienendichte

Geografische Bienenrassen

Im europäischen Raum können im wesentlichen drei geografische Bienenrassen vorgefunden werden, die für die Bienenzucht weltweit bedeutend geworden sind:

– Dunkle Europäische Biene *(Apis mellifera mellifera)* in West-, Nord- und Nordosteuropa. Ihr Hinterleib ist meist dunkelbraun bis schwarz.

– Graue Biene oder Carnica *(Apis mellifera carnica)*, ursprünglich beheimatet in Südosteuropa. Ihre Hinterleibsringe tragen meist eine breite, graue Behaarung (graue Filzbinden, siehe Bild Seite 10 oben).

– Italienische Biene oder Ligustica *(Apis mellifera ligustica)* in Italien. Ihr Hinterleib hat 2 bis 3 goldgelbe Ringe (siehe Bild Seite 11 unten und Seite 36).

In der Nord-, der Ost- und der West-Schweiz wird hauptsächlich mit der Grauen Biene geimkert, in der Zentralschweiz mit der Dunklen und in der Südschweiz mit der Italienischen. Im 20. Jahrhundert züchtete der englische Imker Bruder Adam eine künstliche Rasse, die Buckfast-Biene, deren Nachzüchtungen auch in der Schweiz zu finden sind.

Königinnen- und Völkerverkauf sowie die hohe Bienendichte bewirken gebietsweise eine starke Durchmischung der Rassen.

Arbeiten der Imkerin oder des Imkers

Arbeitskalender

	Januar	Februar	März	April	Mai	Juni	Juli	August	September	Oktober	November	Dezember
			Raum und Flugloch der Volksstärke anpassen									
			einengen überzählige Waben oder Zargen entfernen		*erweitern* Drohnenwaben Mittelwände Honigwaben geben Flugloch breit- und hochstellen			*einengen* überzählige Waben oder Zargen wegnehmen Flugloch tiefstellen, evtl. seitlich verengen				
			Gesundheitskontrolle/Selektion gesunde, sanftmütige, leistungsstarke Völker auswählen (siehe Jungvölker) schwache Völker auflösen			Brut kontrollieren (liegt Faulbrut vor?)						
Kästen, Werkzeuge reparieren, herstellen Wabenrahmen drahten, Mittelwände giessen und einlöten								gegen Varroa behandeln (Ameisensäure oder Thymol)			gegen Varroa behandeln (Oxalsäure)	
			Futterversorgung gewährleisten									
			Tracht verbessern Sträucher und Bäume pflanzen			*Wanderung* in die Voralpen in den Wald				*Tracht verbessern* Sträucher und Bäume pflanzen		
			Futterkontrolle			Frühjahreshonigernte	Futterkontrolle	Sommerhonigernte	Auffütterung	Futterkontrolle		
					Jungvölker bilden		**und pflegen**					
					Schwärme einfangen, Ableger und Kunstschwärme bilden, Königinnenzucht		Jungvölker füttern, erweitern					
								Jungvölker mit schlechter Entwicklung auflösen				
	Bienenprodukte verkaufen										**Bienenprodukte verkaufen**	

Januar

| Wetter und Tracht | Entwicklung des Bienenvolkes |

+10° bis –20° C

Winterruhe

Das Bienenvolk hat sich zu einer Wintertraube zusammengeschlossen. Die Traube umfasst 3 bis 6 Brutwaben. Die Bienen aussen an der Kugel bilden mit ihren dichtgedrängten Leibern den «Wintermantel». Sie isolieren den Volkskörper gegen Kälte und Nässe. Die Bienen im Innern der Traube sind kleine «Öfchen». Sie nehmen Nahrung aus den Vorratszellen auf und erzeugen mit der Flügelmuskulatur im Brustabschnitt Wärme. Die gesamte Bienentraube wandert auf den Waben unmerklich langsam nach oben und bleibt dadurch im Kontakt mit den Vorräten.

Futterverbrauch im Januar: ca. 1 kg

Im Zentrum der Wintertraube legt die Königin die ersten Eier ab. Alte, schwache oder kranke Bienen verlassen die Wintertraube, fliegen ins Freie oder erstarren auf dem Beutenboden.

Wintertraube
Dieser Beobachtungskasten enthält insgesamt 9 Langstroth-Flachzargen-Waben (dreimal je drei Waben übereinander). Sicht auf den Aussenmantel der Wintertraube. Winterleichenfall und Gemüll (Wachskrümel) auf dem Kastenboden.

Temperaturverhältnisse:
Aussenmantel: 9° C
Zentrum der Bienentraube: 20° bis 30° C.

Aussergewöhnliche Wärme lässt Hasel und Schneeglöckchen erblühen.

Die Bienen tragen Haselpollen, Nektar der Schneeglöckchen und Wasser für die Brutpflege ein.

Arbeiten der Imkerin oder des Imkers

Kontrollgänge zu den Völkern

- Fluglöcher von toten Bienen oder Eis freimachen.
- Völker vor Erschütterungen schützen (z. B. Bienenhaustüre nicht zuschlagen).

Vorbereitungsarbeiten zu Hause

- Kästen und Gerätschaften herstellen, reinigen, reparieren.
- Rahmen drahten und Mittelwände einlöten.

Rahmen drahten

Auch an einer Hobelbank kann man die Rahmen bequem drahten.

Draht durch vorgebohrte Löcher einziehen.
Brutrahmen: dreifach.
Honigrahmen: fünffach.

Drahtende um Abstandnagel wickeln.

Rahmen zwischen den Knien zusammendrücken, Draht nachspannen, um den Abstandnagel wickeln und abschneiden.

Mittelwände einlöten

Mittelwand auf bombiert zugehobelte Holzunterlage auflegen.

Gedrahteten Rahmen auf die Mittelwand auflegen. Mit Transformator (16 bis 30 Volt) Drähte erwärmen («kurzschliessen») und in die Mittelwand einsinken lassen.

Rahmen mit eingelöteter Mittelwand abheben, senkrecht lagern.

Februar – März

Wetter und Tracht

Kalt und nass

Schnee und Regen

Warme Tage mit 12° bis 15°C

Temperaturstürze bis –15°C

Erlen (Pollen)

Hasel (Pollen)

Schnee- und Märzenglöckchen

Winterling

Krokus

Kornelkirsche

Entwicklung des Bienenvolkes

Reinigungsflüge

Nach langer Ruhezeit nutzen die Bienen jede Gelegenheit, um ihre Kotblase draussen im Flug zu entleeren, tote Bienen und Wintergemüll (Wachsdeckelreste) aus dem Kasten zu schaffen und Haselpollen und Wasser einzutragen. Die Königin dehnt ihre faustgrosse Brutanlage auf 2 bis 3 Waben aus.

Futterverbrauch im Februar: 1 bis 2 kg.

Wassertränke
Abseits der Flugfront hat die Imkerin oder der Imker eine Wassertränke eingerichtet. Frischwasser tropft über einen bemoosten Baumstrunk und kann von den Bienen gefahrlos aufgenommen werden.

Krankheiten und Notzustände

Ruhrkrankheit und Tracheenmilbe

Völker, die sich nur von mineralstoffhaltigem Waldhonig oder schlechtem Winterfutter ernähren, erkranken oft an der Ruhr. Sie verkoten Waben, Kastenwände und Flugbretter. Wenn das kranke Volk nicht sehr schwach ist, wird es sich während einer Warmwetterperiode erholen. Ist das an Ruhr erkrankte Volk aber zusätzlich von der Tracheenmilbe befallen, kann es deswegen zugrunde gehen.

Weisellose Völker (Königin fehlt)

Völker, die ihre Königin im Spätherbst oder Winter verloren haben, unternehmen einen sonderbaren, erfolglosen Rettungsversuch (siehe Seite 88).

Weiter auf Seite 52

Arbeiten der Imkerin oder des Imkers

«Stunde der Wahrheit»

Die erwachenden, sich reinigenden Bienenvölker sind Zeichen der alljährlichen «Wiedergeburt» der Natur. Der Orientierungs- und Reinigungsflug aller Völker eines Standes erzeugt eine festlich-geheimnisvolle Stimmung. Es ist aber auch eine «Stunde der Wahrheit», denn jetzt müssen tote Völker zur Kenntnis genommen (und weggeräumt) und Krankheitssymptome und Notzustände erkannt werden.

Krankheiten und Notzustände

Ruhrkrankheit und Tracheenmilbe

– Braune, schmierige Kotflecken im Fluglochbereich deuten auf die Ruhrkrankheit hin.

– Bienen, die im Fluglochbereich koten, mit gespreizten Flügeln auf dem Flugbrett hin und her laufen, nicht abfliegen können, vor dem Kasten zu Boden fallen und sich zu kleinen Gruppen sammeln, könnten von der Tracheenmilbe befallen sein. Der Bieneninspektor oder Bienenberater kann zu Rate gezogen werden. Sie empfehlen Sanierungsmassnahmen.

Weisellosigkeit (Königin fehlt)

– Bienen laufen auf der Fensterwabe oder im Fluglochbereich auffallend unruhig hin und her.

– Im Fluglochbereich eines Volkes liegen viele kleine Wachskrümel herum oder es fliegen gegen Abend, wenn es bei allen andern Völkern schon ruhig geworden ist, immer noch Bienen rege ein und aus. Das Volk wird vermutlich ausgeraubt, weil es weisellos oder sehr schwach ist.

Weisellose und buckelbrütige Völker (siehe Seite 89) werden an einem sonnigen Tag (im März) bei über 15 °C abseits vom Bienenstand abgewischt. Die Bienen werden sich bei Nachbarvölkern «einbetteln».

Ruhrkrankheit
Stark verkoteter Fluglochbereich. Das Volk vermochte sich trotzdem gut zu entwickeln.

Volk abwischen
Ein schwaches Volk wird Wabe für Wabe abseits vom Stand abgewischt. Die Bienen betteln sich beim Nachbarvolk ein.

Ruhrkrankheit
Ruhr-Kotflecken auf einer Wabe (Ausschnitt). Links verschimmelte Pollenreste. Die Wabe wird eingeschmolzen, der Rahmen gereinigt.

Weiter auf Seite 53

März

Wetter und Tracht

Hasel

Erlen (Pollen)

Weiden

Krokus

Erika

Weiden
Die männlichen Weidenkätzchen sind die wichtigsten Pollen- und Nektarspender im Frühjahr. Die weiblichen Weiden liefern Nektar.

Den Bienen fehlt oft das «Frühlingsbrot», der Weidenpollen. Weiden können vor dem Laubaustrieb mit Stecklingen vermehrt und an Bachläufe, in Waldlichtungen oder in Hecken eingepflanzt werden (siehe Seite 13).

Entwicklung des Bienenvolkes

Frühlingserwachen

Bei steigenden Temperaturen lockern oder verlassen die Bienen die Wintertraube und säubern den Kastenboden. Das Bienenvolk dehnt seine Brutanlage auf 3 bis 6 Waben aus. Die Königin bestiftet oft schon jetzt einige Drohnenzellen.

Nebst Pollen und Nektar tragen die Bienen viel Wasser ein, das zur Aufbereitung des Larvenfutters und zur Regulierung der Feuchtigkeit gebraucht wird.

Brutausdehnung und Kälterückschläge haben einen erhöhten Futterverbrauch zur Folge: 2 bis 4 kg.

Krankheiten und Notzustände

Nosema

Nebst *Ruhr* und *Tracheenmilbe* können Völker auch an *Mischinfektionen* erkranken oder unter der *Nosema*, einem Darmzellenschmarotzer, leiden. Die Brut kann nicht mehr richtig ernährt und gewärmt werden, und das Volk stirbt langsam ab, selbst wenn reichlich Futter vorhanden ist.

Anzeichen für *Nosema* können sein: das Volk hat immer weniger Flugbienen, es besetzt die Brut nur noch schwach, auf dem Flugbrett finden sich braune oder beige Kotflecken. Die *Nosematose* kann nur mikroskopisch mit Sicherheit bestimmt werden.

Futternot

Manchmal wird einem Bienenvolk im Spätherbst von seinen Nachbarvölkern still und vom Imker unbemerkt ein Teil seines Wintervorrates geraubt. Jetzt könnte dieses Volk «plötzlich» verhungern.

Nektarsammlerin auf weiblicher Weidenblüte.

Pollen- und Nektarsammlerin im Anflug auf männliche Weidenblüte.

Futterkontrolle

Schweizerkasten

Wenn das Bienenvolk bereits im Spätherbst auf 7 bis 9 Waben eingeengt wurde und die Bienen sämtliches Futter aus der Fensterwabe nach vorne getragen haben, kann dies ein Anzeichen dafür sein, dass das Volk wenig Futter hat. In diesem Falle wird die leere Fensterwabe durch eine 2 bis 3 kg schwere Vorratswabe ersetzt.

Vorratswabe mit ca. 2 kg Futter. Unten rechts wurde Pollen eingelagert.

Einengen

Einengen kann man schon im Oktober/November oder auch jetzt. Die hintersten, alten Futterwaben werden entnommen, im Volk bleiben 7 bis 9 Waben.

Zweck des Einengens:
- Raum schaffen, damit später Drohnenwaben und Mittelwände eingehängt werden können.
- Schwache, eventuell kranke Völker können in einem kleinen Raum besser überwacht werden und haben vermutlich grössere Überlebenschancen.

Magazin

Mit der Zugwaage werden die Kästen gewogen und die Vorräte berechnet. Aus überdurchschnittlich schweren Völkern entnimmt man die Randwaben mit Futter und hängt sie den allzu leichten seitlich ein. Mindestvorrat Mitte März: 10 kg.

Anstelle des Wägens kann man auch den Beutendeckel abheben, die Randwaben leicht auseinanderrücken und den Futtervorrat per Augenmass abschätzen. Gleichzeitig können die Brut überprüft und schimmlige Randwaben entfernt werden.

Stark durchnässte Böden und aufgequollene Deckel ersetzen. Bei Völkern, die jetzt nur in der oberen Zarge sitzen, wird die untere, überzählige Zarge entfernt.

Mit der Zugwaage Magazin beidseitig wägen, Resultate zusammenzählen, 10 % dazurechnen = Bruttogewicht.

März – April

| Wetter und Tracht | Entwicklung des Bienenvolkes |

Sonne und Schnee

Grosse Temperaturschwankungen

Späte Weiden

Buchsbaum

Buschwindröschen

Erlen (Pollen)

Lärche (Pollen)

Eiche (Pollen)

Pappel (Pollen)

Ulme (Pollen)

Schwarzdorn

Frühe Kirschen

Löwenzahn

Langsames Wachstum

Nahezu unbeirrt von Wind und Wetter folgt das Bienenvolk seiner «inneren Entwicklungsuhr». Der Eilegerhythmus der Königin ist in erster Linie erblich bedingt. Damit die Bienen das Brutnest ausdehnen können, wird der Futtervorrat aus dem Brutnestbereich in Randzonen umgelagert. Bei Futterknappheit hingegen wird der letzte Vorrat aus den Randwaben in Brutnestnähe hereingeholt.

Allmählich sterben die langlebigen Winterbienen aus. An ihre Stelle treten die kurzlebigen Sommerbienen. Es kann vorkommen, dass in dieser kritischen Übergangszeit mehr Winterbienen absterben als Sommerbienen ausschlüpfen. Das Volk wird in dieser Situation vorübergehend schwächer.

Bei Kälteperioden zieht sich das Volk wärmend auf den Brutnestbereich zurück. Die Brut braucht 35° C Wärme und 70% Feuchtigkeit. Für die Brutpflege müssen die Sammlerinnen bei jedem Wetter Wasser herbeischaffen.

Der Futterverbrauch im April ist gross: 4 bis 6 kg.

Drohnen

Das grosse Frühlingserwachen in der Natur (frühe Kirschen, Löwenzahn) weckt im Bienenvolk den Bau- und den Geschlechtstrieb. Das Volk baut, wenn die Temperatur über 15° C ansteigt und es an Leerzellen für Brut, Nektar und Pollen mangelt. Mit Vorliebe baut das Volk jetzt Drohnenzellen, die von der Königin sofort bestiftet werden.

Das Volk hat in beiden Leerrahmen Drohnenbau errichtet. Die obere Wabe enthält Rundmaden kurz vor der Verdeckelung.

Weiter auf Seite 56

Arbeiten der Imkerin oder des Imkers

Damit sich das Bienenvolk entwickeln kann, muss es über genügend Futter verfügen (Futterkontrolle siehe Seite 53).

Raumerweiterung: Drohnenbaurahmen (Drohnenwaben) geben

Schweizerkasten

Schnitt durch den Schweizerkasten längs zum Flugloch.

- Futter
- Brut
- **DR** Drohnenbaurahmen (leere Rahmen)
- **EW** Erweiterungswabe

- An das Brutnest zwei Honig- oder einen Brutrahmen einhängen. In diese Rahmen bauen die Bienen Naturbau-Drohnenwaben.
- Bei starken Völkern eine ausgebaute, junge Wabe nachschieben.
- Eine schwere Futterwabe bildet den Abschluss.
- Ist das Volk knapp an Futter, wird eine Vorratswabe aufgeritzt und an die Drohnenbaurahmen oder die Abschlusswabe angeschoben.

Magazin

Schnitt durch das Magazin quer zum Flugloch.

- Futter
- Brut
- **DW** Drohnenwabe (letztjährig)
- **DR** Drohnenbaurahmen

- Im Herbst wurde dem Volk in der oberen Zarge eine Drohnenwabe belassen.
- Jetzt eine Randwabe entfernen und einen Leerrahmen seitlich an das Brutnest hängen (2. Drohnenwabe).

Weiter auf Seite 57

März – April

| Wetter und Tracht | Entwicklung des Bienenvolkes |

Wetter und Tracht

Sonne und Schnee

Grosse Temperaturschwankungen

Späte Weiden

Buchsbaum

Buschwindröschen

Erlen (Pollen)

Lärche (Pollen)

Eiche (Pollen)

Pappel (Pollen)

Ulme (Pollen)

Schwarzdorn

Frühe Kirschen

Löwenzahn

Entwicklung des Bienenvolkes

40-Tage-Regel

Vom Ei bis zum Schlüpfen einer Arbeiterin vergehen 21 Tage. Nach weiteren 10 bis 20 Tagen «Innendienst» wird sie Sammlerin. Es dauert also ungefähr 30 bis 40 Tage, bis aus einem Ei eine Sammelbiene entsteht. Damit ein Volk die Frühtracht (Kirsche, Löwenzahn, Obst, Raps) im Mai für den Imker erfolgreich nutzen kann, sollte es

– stark genug überwintern, um zu Beginn des Monats April genügend grosse Brutflächen anlegen und pflegen zu können,

– über langlebige Winterbienen verfügen,

– krankheitsfrei sein.

Schwache Völker brauchen die Frühtracht für ihren Aufbau und vermögen keine Honigreserven anzulegen, die der Imker ernten könnte.

Bienenvölker sind widerstands- und anpassungsfähig. Das Volk wurde durch einen ungewöhnlich heftigen Sturm auf den «Kopf» gestellt und musste in dieser Lage mehrere Tage lang Regengüsse über sich ergehen lassen. Als es zehn Tage später in seine normale Lage zurückversetzt wurde, trugen die Bienen unverdrossen Pollen und Nektar ein. Das Volk entwickelte sich normal.

Arbeiten der Imkerin oder des Imkers

Schwache Völker mit stärkeren vereinigen

Imkerinnen und Imker, die die Frühtracht (späte Kirschen, Löwenzahn, Obst, Raps) nutzen wollen, vereinigen die Völker am besten zu Beginn der frühen Kirschenblüte. Die unten aufgezeigte direkte Vereinigung von Völkern kann nur im Frühjahr durchgeführt werden. Im Sommer und Herbst muss man beim Vereinigen Zeitungspapier zwischen die Volksteile einlegen, damit die Vereinigung langsamer vollzogen wird, sonst würden sich die Bienen der beiden Völker bekämpfen und abstechen.

Schweizerkasten

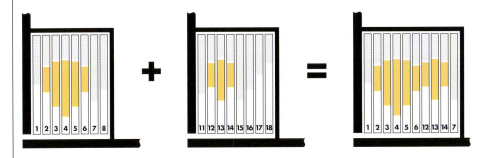

- Königin aus schwachem Volk entfernen.
- Eine halbe Stunde später Brutwaben des schwächeren Volkes an das Brutnest des stärkeren anschieben.

Magazin

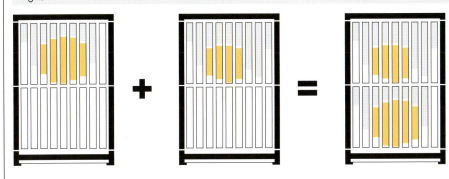

- Brutfreie Bodenzargen bei beiden Völkern wegnehmen und beiseite stellen.
- Zarge mit Brut des stärkeren Volkes auf sein Bodenbrett zurückstellen.
- Eine doppelte Lage Zeitungspapier auf die Zarge legen und Brutzarge des schwächeren Volkes daraufstellen. Deckel auflegen. Die Bienen der beiden Völker entscheiden dann selber, welche Königin überleben soll.
- Waben der brutfreien Zargen vor dem Stand abwischen.

Oder:

- Königin aus schwächerem Volk entfernen.
- Eine halbe Stunde später Zargen mit Brut ohne Zeitungspapier aufeinanderstellen.

Ende April – Mai

| Wetter und Tracht | Entwicklung des Bienenvolkes |

Frühtracht

Wärme und hohe Luft- und Bodenfeuchtigkeit fördern die Nektaraussonderung, Bisenwetter verhindert sie.

Spitzahorn

Rosskastanie

Feldahorn

Eiche, Esche, Buche, Birke (Pollen)

Kirsche

Löwenzahn

Obst

Raps

Bärlauch

Eberesche

Sprunghaftes Wachstum

Reicher Nektarfluss, starker Polleneintrag und warme Nächte bringen «Schwung» ins Volk. Die Volksstärke nimmt gewaltig zu. Jungbienen schlüpfen in Scharen, Drohnen machen ihre Orientierungsflüge. Das Brutnest wird auf sieben bis zehn Brutwaben ausgedehnt. Die Baubienen bauen die Mittelwände aus und die Königin bestiftet sie.

Der eingetragene Nektar wird in Leerzellen des Brutnestes zwischengelagert, mehrmals umgetragen und dabei entwässert, mit Enzymen aus Drüsensäften angereichert und schliesslich in den Vorratszellen oberhalb des Brutnestes als Honig deponiert.

Ausgebaute Mittelwand

Die Bienen eilen beim Eingriff des Imkers auf den frisch angelegten Futtergürtel, um sich mit Honig vollzusaugen (Vorbereitung zur Flucht). In der Mitte der Wabe hat die Königin Eier gelegt.

Weiter auf Seite 60

Arbeiten der Imkerin oder des Imkers

Raumerweiterung: Mittelwände geben

In Gegenden mit mildem Klima und guter Trachtlage erfolgt die Raumerweiterung bereits Anfang oder Mitte April.

Schweizerkasten	Magazin
Eine Raumerweiterung wird notwendig, wenn – die Fensterwabe gut mit Bienen belagert wird, – das Volk unter den Wabenrahmen stark durchhängt.	Eine Raumerweiterung wird notwendig, wenn – das Volk leicht in den Boden durchhängt, – alle Wabengassen mit Bienen besetzt sind.

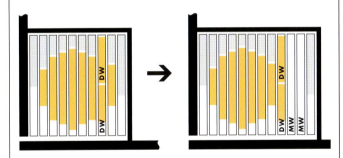
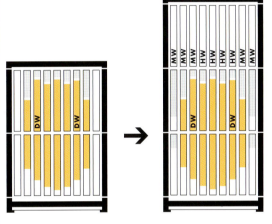

- Fluglöcher auf der ganzen Breite öffnen (Höhe bleibt bei 7 mm).
- Starken Völkern können 1 bis 4 Mittelwände (**MW**) auf einmal an das Brutnest angeschoben werden, mittelstarken gibt man sie zeitlich gestaffelt.
- Eine oder zwei schwere Futterwaben bilden den Abschluss.

- Fluglöcher auf der ganzen Breite öffnen (Höhe bleibt bei 7 mm).
- Die dritte Zarge aufsetzen. Sie enthält 4 junge, ausgebaute Honigwaben (**HW**) und 5 Mittelwände (**MW**).

Begleitende Arbeiten

Die Varroamilbe vermehrt sich mit Vorliebe in der Drohnenbrut. Deshalb ist es empfehlenswert, wenn Imker und Imkerinnen, die gemäss der integrierten Varroabekämpfung arbeiten, die verdeckelte Drohnenwabe zwei- bis dreimal ausschneiden. Die ausgeschnittenen Wabenstücke werden eingeschmolzen. Oder sie werden kurz tiefgefroren und dann den Hühnern, Ameisen oder Vögeln verfüttert (siehe Seiten 92 bis 94).

Weiter auf Seite 61

Mai

Wetter und Tracht

Wonnemonat mit Tücken, denn nicht selten gibt es ergiebige, lang anhaltende Regenperioden und Kälterückschläge.

Feldahorn, Bergahorn (viel Nektar)

Kirschen

Löwenzahn

Obst

Raps

Johannis- und Stachelbeere (Nektar, wenig Pollen)

Apfel (viel Pollen und Nektar)

Birne

Pflaume

Gräser (Pollen)

Weissdorn

Rosskastanie

Kleearten

Entwicklung des Bienenvolkes

Bieneneier und Rundmaden
Die Königin vermag im Mai bis zu 2000 Eier pro Tag zu legen, wenn das Bienenvolk stark und gesund ist und reichlich Nektar und Pollen eingetragen werden kann.

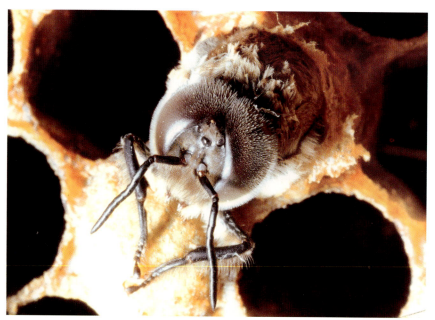

Schlüpfende Drohne
Vor der Schwarmzeit zieht das Volk besonders gerne Drohnen auf. Etwa 10% des gesamten Volkes sind im Mai/Juni Drohnen. Die Drohnenzellen befinden sich meistens in den Randzonen der Brutanlage.

Weiter auf Seite 62

Raumerweiterung: Honigraum aufsetzen

Schweizerkasten

Wabenbau umstellen und ersten Honigraum aufsetzen, wenn die Mittelwände ausgebaut und bestiftet sind:

- Das gesamte Volk in den Wabenknecht hängen, dabei zwei bis drei alte, dunkle Brutwaben auf die Seite stellen.
- Das Volk in den Kasten zurückhängen, dabei Wabenbau neu ordnen: Mittelwände nach vorne rücken (6. und 7. Stelle), die beiden alten Brutwaben hinten einhängen.
- Den Abschluss bildet eine schwere Futterwabe (Reserve bei Trachtlosigkeit).
- Den ersten Honigraum mit Honigwaben (**HW**) auffüllen, mit 3 bis 5 Mittelwänden (**MW**) zum Ausbauen.

Zweck des Wabenumstellens:

Wabenbauerneuerung. Die nach hinten gerückten Altwaben werden den Völkern beim Einengen im Spätherbst oder Frühjahr als Reserve-Vorratswaben entnommen. Im Laufe von 4 bis 5 Jahren wird dadurch der gesamte Wabenbau erneuert. Das Umstellen der Waben kann auch später im Jahr durchgeführt werden.

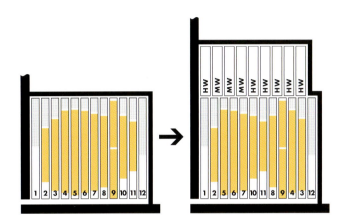

Raumerweiterung: Zweiten Honigraum oder vierte Zarge aufsetzen und Flugloch hochstellen (1,5–2 cm)

Schweizerkasten	Magazin
Zweiten Honigraum aufsetzen:	*Vierte Zarge aufsetzen:*
Bei guter Tracht, wenn die Fensterhonigwabe vollständig glänzt und die Fensterwaben gut mit Bienen besetzt werden: – Verdeckelte Honigwaben des ersten Honigraumes in den zweiten Honigraum hinaufhängen. – Honigräume mit leeren Honigwaben oder Mittelwänden auffüllen.	Bei guter Tracht, wenn die Mittelwände ausgebaut, bestiftet und mit Honigkränzen versehen sind: – Vierte Zarge aufsetzen. Sie enthält 5 ausgebaute, junge Honigwaben und 4 Mittelwände.

Begleitende Arbeiten

Brutwaben auf Weiselzellen überprüfen (siehe Seite 63), Kunstschwärme oder Ableger bilden (siehe Seiten 63, 65), Drohnenwaben ausschneiden (siehe Seite 59).

Mai (Fortsetzung)

Wetter und Tracht

Wonnemonat mit Tücken, denn nicht selten gibt es ergiebige, lang anhaltende Regenperioden und Kälterückschläge.

Feldahorn, Bergahorn (viel Nektar)

Kirschen

Löwenzahn

Obst

Raps

Johannis- und Stachelbeere (Nektar, wenig Pollen)

Apfel (viel Pollen und Nektar)

Birne

Pflaume

Gräser (Pollen)

Weissdorn

Rosskastanie

Kleearten

Entwicklung des Bienenvolkes

Schwärmen

Ab Mai bis Mitte Juni, meistens während der Rapsblüte oder gegen Ende der Apfelblüte, erwacht im Bienenvolk der erblich bedingte Schwarmtrieb. Das Bienenvolk will sich vermehren.

Es gibt schwarmträge und schwarmfreudige Völker. Je nach Jahr und Standort leben die Völker ihren Schwarmtrieb unterschiedlich stark aus.

Völker, die jahrelang nicht schwärmen, weiseln still um. Nach 3 bis 5 Jahren ziehen sie junge Königinnen auf. Die erstgeschlüpfte beisst alle Königinnenzellen seitlich auf und sticht die darin heranwachsenden Jungköniginnen tot. Die alte Stockmutter bleibt manchmal noch einige Zeit neben der bereits eierlegenden Jungkönigin im Volk, bis sie von ihr oder von Arbeiterinnen abgestochen wird.

Der Schwarmtrieb wird gefördert, wenn

– die Königin keinen Platz für die Eiablage findet,
– viel verdeckelte Brut vorhanden ist,
– viele Jungbienen den Stock bevölkern.

Vorbereitung zum Schwärmen

Die Bienen bauen, meist am Wabenrand, kreisrunde, nach unten gerichtete Zellen, sogenannte Weiselnäpfchen. In diese Näpfchen legt die Königin ein gewöhnliches Arbeiterinnenei. Die Larve, die aus diesem Ei schlüpft, erhält während ihrer ganzen Entwicklungszeit sehr viel reinen Futtersaft. Dank dieser intensiven Fütterung entsteht aus der Larve keine Arbeiterin, sondern eine Königin. Das kurze Weiselnäpfchen wird zu einer sackähnlichen, nach unten hängenden Königinnenzelle verlängert.

Königinnenzellen

Zuerst bauen die Bienen ein Weiselnäpfchen (oben rechts), in das die Königin ein Ei legt. Das Näpfchen wird während der Wachstumszeit der Larve verlängert (unten links). Neun Tage nach der Bestiftung wird die Königinnenzelle verschlossen (unten rechts) und die eingeschlossene Larve verwandelt sich in eine Jungkönigin.

Weiter auf Seite 64

Schwarmkontrolle

Während der Schwarmzeit wird alle 9 Tage kontrolliert, ob die Völker Weiselzellen pflegen. Bei sehr starken Völkern oder bei Völkern, die schwärmen wollen, können Kunstschwärme oder Ableger gebildet werden.

Schweizerkasten

Die Schwarmkontrolle ist im Schweizerkasten sehr zeitaufwändig, weil jede Wabe einzeln aus dem Kasten gezogen werden muss, um sie auf Schwarmzellen zu prüfen. Um sich diese Arbeit zu ersparen, können als Schwarmbarometer am Fenster zwei leere Honigwabenrahmen eingehängt werden. Der Drohnenbau, den die Bienen in den Rahmen errichten, wird regelmässig ausgeschnitten. Wenn ein Volk mit Bauen aufhört, wird es vermutlich bald schwärmen.

Magazin

Die Schwarmkontrolle ist im Magazin sehr einfach. Die Zargen werden leicht angekippt. Die Weiselzellen befinden sich an den unteren Wabenrändern.

Unterseite des aufgekippten Magazins mit Weiselnäpfchen und einer verdeckelten Weiselzelle in der Mitte.

Künstliche Vermehrung

Kunstschwarm

- Die alte Königin des schwarmträchtigen Volkes aussuchen, in einen Drahtgitter-Käfig absperren und in die Schwarmkiste hängen.
- Auf den Kistenboden ein faustgrosses Stück Futterteig[1] oder kandierten Honig legen.
- Bienen von 4 bis 8 Brutwaben aus einem oder mehreren Völkern mit Wasser besprühen und in den Kasten abwischen (1 bis 2 kg Bienen).
- Den Kunstschwarm 1 bis 2 Nächte in den stockdunklen, kühlen Keller stellen. Anstelle des Futterteigs kann jetzt auch flüssig gefüttert werden.
- Am Abend des zweiten oder dritten Tages 3 km vom alten Ort entfernt in einen Bienenkasten mit Mittelwänden einschütten. Für den Schweizerkasten rechnet man pro Pfund Bienen 1 Mittelwand und gibt am Schluss noch 2 dazu. Beispiel: 1,5 kg schwerer Schwarm erhält 5 Mittelwände. Magazine werden ganz mit Mittelwänden aufgefüllt.
- Die Königin aus dem Käfig befreien.
- Sofort 4 bis 6 Liter Zuckerwasser füttern.
- Spezialfall: Soll der Kunstschwarm am alten Ort einlogiert werden, muss er 4 Nächte im stockdunklen Keller verbleiben, damit nicht allzu viele Flugbienen in ihre Herkunftsvölker zurückfliegen.

---

[1] *Rezept für Futterteig* = 3 Teile Puderzucker und 1 Teil flüssigen Honig zu einem Teig kneten.

Weiter auf Seite 65

Mai (Fortsetzung)

Wetter und Tracht

Wonnemonat mit Tücken, denn nicht selten gibt es ergiebige, lang anhaltende Regenperioden und Kälterückschläge.

Feldahorn, Bergahorn (viel Nektar)

Kirschen

Löwenzahn

Obst

Raps

Johannis- und Stachelbeere (Nektar, wenig Pollen)

Apfel (viel Pollen und Nektar)

Birne

Pflaume

Gräser (Pollen)

Weissdorn

Rosskastanie

Kleearten

Entwicklung des Bienenvolkes

Vorschwarm

Nachdem die erste Königinnenzelle (neun Tage nach deren Bestiftung) verdeckelt wurde, ist das Bienenvolk schwarmbereit. An einem schönen, warmen Tag zieht der Vorschwarm mit der alten Stockmutter aus und sammelt sich in der näheren Umgebung zur Schwarmtraube.

Spürbienen des Schwarmes suchen eine neue Behausung, deren Ort sie dem Schwarm mittels Schwänzeltanz mitteilen (siehe Seite 34). Normalerweise verlässt der Schwarm 2 bis 5 Stunden später den ersten Besammlungsort und zieht in seinen neuen Hohlraum ein. Dort beginnt er unverzüglich mit dem Bau der Waben.

Nachschwarm

Im Volksteil, der im Bienenkasten verblieben ist (Muttervolk), schlüpft ungefähr 5 Tage nach dem Auszug des Vorschwarms die erste Jungkönigin. Sie gibt regelmässig tütende Töne von sich. Dies ist ein sicheres Zeichen, dass das Volk noch einmal schwärmen wird. Die anderen Jungköniginnen, meistens sind sie noch in ihren Zellen, antworten der erstgeschlüpften mit einem schwachen Tüten. Ungefähr sieben Tage nach dem Auszug des Vorschwarms verlässt die Jungkönigin mit einem Nachschwarm das Muttervolk. Es gibt Völker, die 2 bis 4 Nachschwärme «gebären». Das zurückbleibende Restvolk kann dabei so geschwächt werden, dass es kaum mehr überlebensfähig ist.

Ein Bienenvolk schwärmt. Der Schwarm beginnt sich im Geäst der Weide (links im Bild) zur Schwarmtraube zu sammeln.

Weiter auf Seite 66

Brutableger

- Dem sehr starken oder schwarmfreudigen Volk 2 bis 4 Brutwaben mitsamt den Bienen, aber ohne Königin entnehmen. Diese Brutwaben enthalten viel verdeckelte Brut, aber auch einige Eier oder jüngste Larven.
- Diese Ablegerwaben zwischen 2 bis 4 schwere Futterwaben in einen Ableger- oder Bienenkasten oder eine Zarge einhängen.
- Bienen von 2 weiteren Brutwaben dazuwischen. Es können auch Brutwaben mit Bienen aus andern Völkern zugehängt werden.
- Den Ablegerkasten sofort 3km vom alten Standort entfernt aufstellen.
- Die Bienen ziehen aus jungen Arbeiterinnenlarven neue Königinnen nach. Alle bis auf eine dieser Nachschaffungszellen[1] werden nach 9 Tagen ausgebrochen, oder man entfernt alle und gibt dem Ableger eine begattete Jungkönigin oder eine Zuchtzelle.
- Um der Räuberei vorzubeugen, darf der Ableger erst flüssig gefüttert werden, wenn er eine Jungkönigin hat. Deshalb wird er anfänglich mit schweren Futterwaben gebildet.

Das Volk, aus dem der Ableger entnommen wurde, erhält Mittelwände oder ausgebaute, junge Waben.

Schweizerkasten

Brutableger

Eine für die Ablegerbildung gut geeignete Brutwabe aus dem Schweizerkasten.

Magazin

Brutableger

Zandermass-Brutwabe mit sehr schönem, geschlossenem Brutnest unter Futtergürtel.

---

[1] *Nachschaffungszelle*: Eine Arbeiterinnenzelle, die bereits eine 1- bis 3tägige Larve enthält, wird nachträglich zu einer Königinnenzelle umgebaut (siehe Seite 88).

Weiter auf Seite 67

Mai (Fortsetzung)

Wetter und Tracht

Ende Mai:

Hartriegel

Robinie

Faulbaum

Himbeere

Ende der Frühtracht

Nach dem Abblühen der Rapsfelder ist die Frühtracht zu Ende, es sei denn, die Robinie beginne Ende Mai oder Anfang Juni zu honigen. Bis zu Beginn der Waldtracht oder bis zur Lindenblüte (ab Mitte Juni) gibt es eine Trachtlücke.

Entwicklung des Bienenvolkes

Schwarmtraube
Ein Bienenschwarm hat sich in der Nähe des Bienenstandes zur Schwarmtraube gesammelt. Jetzt muss er von der Imkerin oder vom Imker eingefangen werden, sonst verschwindet der Schwarm in sein selbst gewähltes Versteck.

Muttervolk nach dem Schwärmen

Will das Volk nicht mehr schwärmen, wird eine Jungkönigin die restlichen Königinnenzellen seitlich aufbeissen und die darin heranwachsenden Rivalinnen totstechen. Falls Jungköniginnen gleichzeitig schlüpfen, kommt es zu einem Zweikampf im Stock.

6 bis 10 Tage nach dem Schlüpfen ist die Jungkönigin begattungsreif. Sie fliegt zwei- bis dreimal aus, um sich Ort und Lage ihres Wohnsitzes einzuprägen. Dann sucht sie einige Male Drohnensammelplätze auf, die sich in der Luft befinden und lässt sich von insgesamt 7 bis 12 Drohnen begatten. 3 bis 7 Tage nach der Begattung beginnt sie mit der Eiablage.

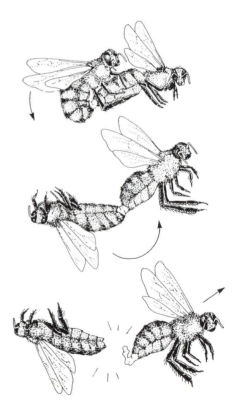

Begattung einer Jungkönigin im Flug
Ein kleiner Teil des Begattungsschlauches bleibt in der Stachelkammer stecken (Begattungszeichen) und fällt später weg oder wird von den Arbeiterinnen entfernt.

Natürliche Vermehrung

Einfangen der Schwärme

- Den Schwarm mit Hilfe der Bienenbürste oder des Zerstäubers kräftig netzen und in die Schwarmkiste abklopfen oder abwischen. Die Kiste in der Nähe der Fangstelle auf den Boden stellen und die Einflugöffnung freigeben.
- Ist die Königin in die Kiste gefallen, wird sie normalerweise im schützenden Hohlraum bleiben, und die vielen herumschwirrenden Schwarmbienen werden bald zu ihr einziehen.
- Eine Stunde später, oder am Abend, Schwarmkiste verschliessen und in den dunklen, kühlen Keller stellen.
- Den Schwarm am Abend des nächsten Tages in eine Beute mit Mittelwänden einlogieren:

Schweizerkasten

- Pro Pfund Bienen 1 Mittelwand und am Schluss noch 2 dazu. Beispiel: 3 Pfund schwerer Schwarm erhält 3 Mittelwände + 2 = 5 Mittelwände.

Magazin

- Schwarm in leere Zarge auf Bodenbrett einschütten.
- Zweite Zarge mit Mittelwänden aufsetzen und sofort zudecken. Beim Flachzargenbetrieb zwei Zargen mit Mittelwänden nehmen, wenn der Schwarm über 2 kg schwer ist.
- Am nächsten Tag leere Zarge unten wegnehmen.

Bienenschwarm mit dem Zerstäuber kräftig netzen... ...und in die Schwarmkiste abwischen oder abklopfen.

Schwarmkiste auf den Boden stellen und Einflugöffnung freigeben.

Pflege und Kontrolle der Schwärme

- Am 2. Tag nach dem Einlogieren dem Schwarm 4 bis 6 Liter Zuckerwasser geben.
- 14 bis 20 Tage später eine Brutkontrolle durchführen. Ein Vorschwarm hat bereits verdeckelte Brut, ein Nachschwarm erst Eier oder junge Larven.
- Wenn keine Brut vorhanden ist, Kontrollwabe einhängen. Diese Kontrollwabe enthält Eier oder jüngste Brut und wird ohne Bienen einem normalen Volk entnommen. Wenn man nach 2 bis 3 Tagen auf der Kontrollwabe Nachschaffungszellen vorfindet, ist der Schwarm weisellos. Er wird mit einem andern Volk vereinigt oder vor dem Bienenhaus abgewischt.

Juni

Wetter und Tracht

Sommertracht

Faulbaum

Himbeere
(beste Nektarspenderin)

Robinie
(kurze, ca. fünftägige, ergiebige Nektartracht bei feuchtwarmer Witterung ohne starke Regengüsse)

Edelkastanie
(gute Nektarspenderin im Tessin)

Linde
(liefert nur gebietsweise Honig; in Stadtgebieten dank gutem Lausbesatz bester Honigtauproduzent)

Luzerne (Nektar)

Gräser, Getreide (Pollen)

Wiesenblumen

Phazelie
(viel Nektar)

Entwicklung des Bienenvolkes

Höhepunkt und Wende

Die Schwarmzeit dauert bis Mitte, gebietsweise bis Ende Juni an. Die Brutausdehnung erreicht zu Monatsbeginn ihren Höhepunkt.

Der längste Tag markiert den Entwicklungswechsel im Bienenvolk. Auf die Phase der Ausdehnung folgt die des Zusammenzugs. Die Königin verlangsamt ihren Legerhythmus, und die Brutanlage wird allmählich eingeschränkt.

Brutwabe

Frisch ausgebaute Schweizerkasten-Brutwabe mit grosser Brutausdehnung zur Zeit des Entwicklungshöhepunktes. Aus dieser Wabe (beidseitig gerechnet) werden im Laufe der nächsten 10 Tage rund 4000 Jungbienen ausschlüpfen (1 dm² Brutwabe = knapp 400 Zellen).

Weiter auf Seite 70

Frühjahreshonigernte

Honig darf nur geerntet werden, wenn er reif ist. Den Bienen muss genügend Zeit gegeben werden, damit sie den Nektar in Honig umarbeiten und eindicken und die Honigwaben verdeckeln können. Dies ist ungefähr 5 Tage nach dem Abblühen des Rapses der Fall. Mit Hilfe der Spritzprobe kann überprüft werden, ob der Honig in unverdeckelten Zellen reif ist. Eine Honigwabe wird waagrecht gehalten und kräftig nach unten gestossen. Tropft Honig aus den Zellen, so ist er noch nicht reif. Mit der Frühjahresernte darf aber auch nicht zu lange gewartet werden, da der Rapshonig in den Waben kandieren kann. Zudem könnte bei früh einsetzender Waldtracht unreifer Waldhonig in die Ernte geraten.

Es kann nie mit Sicherheit vorausgesagt werden, ob und wann eine frühe Waldtracht (Sommertracht) einsetzt. Deshalb darf nur soviel Honig geerntet werden, dass jedem Volk ein Vorrat von mindestens 6 kg verbleibt. Brutwaben dürfen nicht geschleudert werden. Sie könnten noch Winterfutter enthalten.

Es ist vorteilhaft, die Honigwaben den Völkern am frühen Morgen zu entnehmen und sie am gleichen Tag auszuschleudern. Bienenstockwarmer Honig fliesst leichter aus den Waben als ausgekühlter.

Schweizerkasten

– Unverdeckelte Honigwaben in den Wabenknecht hängen, Gewicht abschätzen (wägen).

– Teilweise oder ganz verdeckelte Honigwaben bienenfrei abwischen und in eine Wabentransportkiste einhängen.

– So viele unverdeckelte Honigwaben ins Volk zurückhängen, dass insgesamt 6 kg Futtervorrat im Volk verbleiben.

– Honigraum mit leeren Honigwaben auffüllen.

– Ist die Fensterbrutwabe fast leer, kann sie durch eine schwere Vorratswabe ersetzt werden.

Magazin

– Vierte und dritte Zarge abheben und beiseite stellen.

– Futtervorrat in den Randwaben der zweiten Zarge abschätzen (wägen).

– Dritte Zarge wieder aufsetzen und verdeckelte Honigwaben ohne Brut daraus entnehmen und abwischen. Leerraum mit Honigwaben auffüllen.

– Bienen von den halb oder ganz verdeckelten Honigwaben der vierten Zarge abwischen und die Honigwaben in ein bienendichtes Transportmagazin einhängen.

– Randhonigwaben (mit unverdeckeltem Honig) in die Mitte der vierten Zarge rücken und seitliche Leerräume mit Honigwaben auffüllen. Darauf achten, dass dem Volk ein Vorrat von 6 bis 8 kg verbleibt.

Juni (Fortsetzung)

Wetter und Tracht

Weissklee (ergiebige Nektaraussonderung nur gebietsweise und bei feuchtwarmer Witterung)

Ahorn (in höheren Lagen des Juras und im Voralpengebiet)

Brombeere

Hartriegel

Liguster

Faulbaum

Alpenrose (Alpengebiete)

Frühe Waldtracht

Alle 2 bis 5 Jahre, sondern die Blattläuse auf Eiche und Linde und die Rotbraunen Bepuderten Rindenhonigläuse (Cinara pilicornis) auf der Rottanne viel süssen Saft aus (Honigtau), den die Bienen zu Waldhonig verarbeiten. Ob es eine frühe Waldtracht gibt oder nicht, ist nicht voraussagbar (vergleiche späte Waldtracht Seite 77).

Entwicklung des Bienenvolkes

Unerkannter Gast: Die Varroamilbe

Die aus Asien eingeschleppte Milbe vermehrt sich in der Brut der Bienenvölker. Sie bevorzugt Drohnenbrut. Normalerweise hält sie sich nur wenige Tage auf der erwachsenen Biene auf und saugt von deren Blut, bis sie wieder in eine Brutzelle schlüpft, um ihre Eier in der verdeckelten Zelle abzulegen. Ab Juni und vor allem im Spätsommer, wenn die Drohnenbrut ausläuft und die gesamte Brutanlage abnimmt, steigt der Milbenbefall pro Zelle stark an.

Unsere Westlichen Bienen erkennen den «Fremdling» nicht, oder sie sind noch nicht fähig, seiner Vermehrung Einhalt zu gebieten. Obwohl die Milbe im Vergleich zum Bienenkörper sehr gross ist (Tennisball zu Menschengrösse), vermag sie den sich putzenden Bienen zu entkommen. Sie bewegt sich sehr schnell und versteckt sich gut unter den Bauchschuppen der Bienen (siehe Seite 92 bis 94).

Varroamilbe auf Drohnenstreckmade.

Varroamilbe auf einer Arbeiterin, die den Parasiten nicht zu bemerken scheint und wie gewohnt ihrer Arbeit nachgeht.

Arbeiten der Imkerin oder des Imkers

Honig schleudern

Der Schleuderraum (Bienenhaus, Waschküche) muss sauber, geruch- und staubfrei, trocken, warm, gut beleuchtet und bienendicht sein und muss fliessendes Wasser haben. Die Erntegeräte Schleuder, Entdeckelungsgabel, -hobel oder -messer, Abdeckelungsgefäss, Honigsieb und Honiglagerkessel müssen staubfrei, trocken, rostfrei, aus Edelstahl, oder lebensmittelechtem Kunststoff gefertigt sein.

Man hängt die entdeckelten Waben so in die Schleuder, dass das Gewicht ringsum gleichmässig verteilt ist. Die Drehzahl der Schleuder ist zu Beginn sehr langsam, damit die Waben nicht brechen. Der Honig fliesst durch ein möglichst grossflächiges, aber engmaschiges Sieb in ein Honiglagergefäss oder einen Honigkessel. Die gefüllten Lagergefässe müssen luftdicht verschlossen werden, damit der Honig keine Feuchtigkeit aufnehmen kann.

Die Abdeckleten (Wachsdeckel, die beim Entdeckeln der Honigwaben anfallen) lässt man auf einem grossflächigen, nicht zu engmaschigen Sieb oder Streckgitter austropfen. 3 bis 5 Tage später wird das Abdeckelungswachs in wenig handwarmem Wasser ausgewaschen. Das Honigwasser gibt Futter für die Jungvölker, das Wachs wird ausgeschmolzen.

Entdeckeln der Honigwaben mit der Gabel.

Einhängen der entdeckelten Waben in eine Tangentialschleuder (Radialschleuder siehe Seite 21).

Dieser Entdeckelungshobel funktioniert sehr gut, aber er muss jeweils nach dem Entdeckeln einer Wabenseite im sehr heissen Wasserbad aufgewärmt werden. Einfacher geht es mit dem elektrisch geheizten Hobel oder Messer.

Weiter auf Seite 73

Juni (Fortsetzung)

Wetter und Tracht

Weissklee (ergiebige Nektaraussonderung nur gebietsweise und bei feuchtwarmer Witterung)

Ahorn (in höheren Lagen des Juras und im Voralpengebiet)

Brombeere

Hartriegel

Liguster

Faulbaum

Alpenrose (Alpengebiete)

«Juniloch»

Wenn die Akazie im Mai erfror und der Wald nicht honigt, wird das landwirtschaftlich intensiv genutzte, unkrautfreie Mittelland für die Bienen zur «grünen Wüste». Sie finden nur wenig Nektar und Pollen, ungeachtet der guten Witterung.

Entwicklung des Bienenvolkes

Frei bauendes Volk

Es kann vorkommen, dass ein Schwarm keinen geeigneten Hohlraum zur Nestgründung findet oder sich nicht entscheiden kann, welchen er wählen soll. Er baut dann seine Waben in luftiger Höhe im Geäst eines Baumes, wenn er von niemandem entdeckt und eingefangen wird. Da dieses Volk der Kälte und Nässe ausgesetzt ist, wird es kaum genügend Honigvorräte anlegen können, um den Winter zu überstehen.

Arbeitslose Bienen

Völker, die nicht geschwärmt haben, verfügen über viel «Fleisch». Sie sind aufgrund der im Mai angelegten, grossen Brutflächen bienenstark. Bei fehlender Tracht oder an Hitzetagen sitzen die arbeitslosen Bienen in grossen Trauben in den Fluglochnischen.

Wanderstand

Schweizerkästen in einem Alpenrosengebiet. Die Wanderung aus dem trachtarmen Mittelland in eine Bergtracht kann wie ein Jungbrunnen auf die Völker wirken.

Honigpflege

Ungefähr drei Tage nach dem Schleudern schöpft man den Honigschaum in den Lagergefässen ab und rührt den Honig mit einem kantigen Hartholzstab oder einem Rührgerät kräftig durch, damit sich die Blütenhonigsorten gut durchmischen. Der Honig kandiert feincremig, wenn er kurz vor dem Kandieren mehrmals maschinell gerührt wird.

Rapshonig kann bereits nach 14 bis 20 Tagen, Obstblüten- und Löwenzahnhonig nach etwa 30 Tagen kandieren. Erwärmen schadet dem Honig (Abbau der Enzyme). Tiefkühlen ist energieaufwändig. Es ist deshalb vorteilhaft, wenn der Honig in Gläser abgefüllt wird, bevor er kandiert. Ist dies nicht möglich, so muss kandierter Honig mit Aufwärmgeräten verflüssigt werden, die thermostatisch regelbar sind. Honig soll nur möglichst kurz und nie über 40° C erwärmt werden. Abgefüllte Honiggläser werden bei möglichst gleichmässiger Temperatur bis 18° C gelagert. Wärme, Licht, Feuchtigkeit und lange Lagerzeit schaden dem Honig.

Honigkontrolle

Man füllt eine Honigprobe in ein 75-Gramm-Gläschen ab und übergibt sie dem Honigkontrolleur des Vereins. Er überprüft den Honig sensorisch und misst den Wassergehalt mit einem Refraktometer. Der Honig darf nicht mehr als 18,5 % Wasser enthalten; er kann sonst innerhalb von 3 bis 9 Monaten zu gären beginnen. Ein Anzeichen für gärenden Honig sind Blasen, die sich auf seiner Oberfläche bilden. Zudem entsteht zwischen Honigoberfläche und Gefässverschluss ein Überdruck, der beim Öffnen des Gefässes hörbar herauszischt. Gärender Honig schmeckt säuerlich.

«Juni- und Juliloch»

Nicht überall, oder auch nicht immer, können Bienen und Imker auf eine frühe Waldtracht hoffen. Bis die späte Waldtracht etwa Mitte Juli einsetzt, kann man

- den Völkern den gesamten Blütenhonigvorrat belassen und erst schleudern, wenn die Spättracht einsetzt,
- mit den Völkern in ein Bergahorn-, Alpenrosen- oder Rottannentrachtgebiet wandern oder
- den Völkern während der trachtlosen Zeit regelmässig Futterwaben in die Randzonen (als Abschlusswaben) einhängen.

Nur im Notfall sollte Zuckerwasser gefüttert werden, maximal 5 Liter pro Volk. Vorgängig müssen alle Honigwaben aus den Völkern entfernt werden. Man darf diese Waben erst drei Wochen nach Abschluss der Fütterung wieder einhängen. Jede Flüssigfütterung während der Sommermonate gefährdet die Echtheit des später geernteten Honigs. Die Notwendigkeit der «Zwischentrachtfütterung» macht deutlich, wie blütenarm unsere intensiv genutzte, ausgeräumte Landschaft ist. Der Notstand unserer Insektenwelt könnte gelindert werden, wenn auf Brachland Bienenweidepflanzen eingesät würden: Phazelia, Buchweizen, Gelbsenf, Ölrettich, Sonnenblumen, Boretsch, Kornblumen, Malven etc.

Ökologische Ausgleichsfläche
«Tübinger Mischung». Bienen sind Nahrungsspezialisten. Nur Nektar, Honigtau und Blütenstaub bekommt ihnen. Die beste Krankheitsvorsorge ist die Verbesserung der Tracht (siehe Seite 13).

Juli

| Wetter und Tracht | Entwicklung des Bienenvolkes |

Blattwaldtracht

Besonders in Stadtgebieten scheiden die Blattläuse auf Linden und Ahorn viel Honigtau aus.

Weissklee (liefert gebietsweise bei feuchtwarmer Witterung Nektar)

Winterlinde

Bärenklau

Distel

Esparsette

Kleearten

Kornblume

Luzerne

Mohn

Phazelia, Gelbsenf, Ölrettich, Boretsch, Buchweizen (Bienenweidepflanzen auf Brachland)

Trachtlücke

Ableger und Kunstschwärme werden zu Jungvölkern

Gut genährte (im Mai als Ableger gebildete) Jungvölker und Schwärme mit Jungköniginnen dehnen ihre Brutanlage im Juli weiter aus und wachsen zu kräftigen, überwinterungsfähigen Völkern heran, wenn sie gegen übermässigen Varroabefall rechtzeitig behandelt werden und das Trachtangebot im Juli sehr gut ist.

Ende Juli entstehen im Bienenvolk die ersten Winterbienen. Sie leben 6 bis 9 Monate lang und werden das Volk durch den kalten Winter bringen. Sie beteiligen sich kaum mehr an kräftezehrenden Arbeiten wie die kurzlebigen Sommerbienen, sondern sitzen ruhig auf den Waben und schonen sich. Sie nehmen viel Pollen zu sich, um in ihrem Körper Eiweiss- und Fettreserven für den Winter aufbauen zu können.

Kleiner Ablegerstand (Schweizerkästen) unter dem schützenden Vordach einer Scheune. Sobald die Jungvölker gesunde Brutanlagen aufweisen, werden sie ins Bienenhaus zurückgebracht.

Weiter auf Seite 76

Pflege der Jungvölker

Raumerweiterung

Schweizerkasten	Magazin
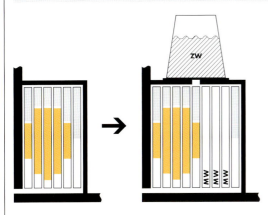	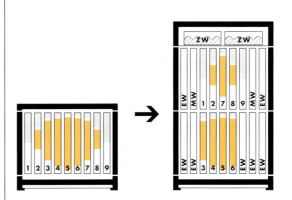

- Brutanlage überprüfen: Ist Kalk- oder sogar Faulbrut vorhanden? (Inspektor benachrichtigen)
- Ans Brutnest Mittelwände (**MW**) oder ausgebaute, junge Waben schieben.
- Alle 7 bis 10 Tage 2 bis 4 Liter Zuckerwasser (**ZW**) füttern.

- Brutanlage überprüfen: Ist Kalk- oder sogar Faulbrut vorhanden? (Inspektor benachrichtigen)
- Das Jungvolk auf zwei Zargen umsetzen. Waben mit Brut sollen eine möglichst geschlossene Einheit bilden.
- Seitliche Leerräume mit Mittelwänden (**MW**) oder Erweiterungswaben (**EW**) auffüllen.
- Alle 7 bis 10 Tage 2 bis 5 Liter Zuckerwasser (**ZW**) füttern.
- Völker können auch auf nur einer Zarge überwintert werden.

Varroabehandlung der Jungvölker

Sobald die Jungvölker erstarkt sind, werden sie mit Ameisensäure gegen die Varroamilbe behandelt, damit sie gesunde Winterbienen aufziehen können (siehe Seiten 93 bis 94).

Weiter auf Seite 77

Juli (Fortsetzung)

Wetter und Tracht

Weissklee (liefert gebietsweise bei feuchtwarmer Witterung Nektar)

Winterlinde

Bärenklau

Distel

Esparsette

Kleearten

Luzerne

Phazelia, Gelbsenf, Ölrettich, Boretsch, Buchweizen (Bienenweidepflanzen auf Brachland)

Beginn der späten *Weisstannentracht,* wenn sich die Kolonien der Grünen Tannenhoniglaus gut entwickeln konnten.

Mais liefert viel Pollen.

Sonnenblume

Entwicklung des Bienenvolkes

Tannenhoniglaus
Die Grüne Tannenhoniglaus (Cinara pectinatae) ernährt sich vom Siebröhrensaft in den jungen Trieben der Weisstanne. Überschüssigen Saft scheidet die Laus in kleinen, wasserklaren Tropfen aus.

Honigtau
Die süssen Ausscheidungen der Grünen Tannenhoniglaus fallen auf die Nadeln und werden von den Bienen aufgenommen und zu würzigem Waldhonig verarbeitet. Aber auch Ameisen, Wespen und Fliegen nähren sich vom «Honigtau» der Tannen.

Wanderung in den Wald

Waldtrachtdiagnose

Verschiedene Bienenforscher *(Liebig, Maquelin, Wille)* und Imkerinnen und Imker haben in jahrelanger Arbeit eine Diagnosemethode erprobt, mit deren Hilfe eine Voraussage möglich ist, ob und in welchem Ausmass der Wald honigen wird. Auf den Ästen verschiedener Tannen werden die Läuse je einmal im Mai, Juni und Juli ausgezählt. Man klopft dazu mehrere Äste über einem weissen Fangtuch ab. Zudem legt man im Juli weisse, auf Holzbretter aufgeleimte A-4-Papierblätter während 1 bis 2 Stunden unter 10 bis 20 Tannen, um die Honigtauspritzer der Läuse auffangen und auszählen zu können. Werden je Quadratmeter Zweigfläche mehr als 100 Läuse gefunden und pro Papier und Stunde mehr als 100 Tropfen ausgezählt, so kann mit einer guten Waldtracht gerechnet werden.

Bewilligungen

Vor der Wanderung muss geklärt werden:

- Ist der Grundbesitzer des Wanderplatzes oder der Förster des Waldes mit dem Besuch der Völker einverstanden?
- Liegt der zukünftige Wanderstand in einem Sperrgebiet? Bieneninspektor anfragen.
- Hat die Baubehörde Wanderwagen oder Schutzstand bewilligt? Für Freistände braucht es keine Bewilligung.

Es ist vorteilhaft, mit den neuen Nachbarimkerinnen und -imkern Kontakt aufzunehmen und sie über die Wanderung zu informieren. Minimalabstände von 500 m zum nächsten Bienenstand und von 3 km zur nächsten Belegstelle sollen eingehalten werden. Zu beachten ist auch die Bienendichte. Ideal sind Stände mit maximal 12 Völkern, im Abstand von mindestens 500 m.

Wanderung

Die Wanderung lohnt sich nur, wenn die Völker sehr stark sind. Gewandert wird in der Nacht, damit man die Völker bei Tagesanbruch am neuen Ort aufstellen kann. Die Beuten müssen bienendicht verschlossen, aber gut belüftet werden, damit die Völker nicht ersticken («verbrausen»):

- *Schweizerkasten:*
  Wandernische mit Gitter
- *Magazin:*
  offener Gitterboden

Wanderstand im Wald (Zander-Magazine).

August

Wetter und Tracht

Sonnenblume

Mais (Pollen)

Weissklee und andere Kleearten

Distel

Luzerne

Buchweizen

Phacelia

Goldrute

Weidenröschen

Besenheide

Entwicklung des Bienenvolkes

Vorbereitung auf den Winter

Bienenvolk im Schweizerkasten, geöffnet zur Sommerhonigernte.

Im unteren Teil des Kastens hängen 12 Brutwaben hintereinander, im oberen Teil je 10 mit Honig gefüllte, verdeckelte Honigwaben. Jede Honigwabe enthält rund 1,5 kg Honig. Von diesem Volk können 30 kg Honig geerntet werden, was für schweizerische Verhältnisse selten ist.

Die Brutwabe weist in der oberen Hälfte einen breiten Futterkranz auf. Darunter befindet sich das kreisförmige Brutnest. Zwischen Brut und verdeckeltem Vorrat wurde Pollen eingelagert (Pollengürtel).

Trotz Sonnenschein und hochsommerlichen Temperaturen rüstet sich das Bienenvolk für den kommenden Winter:

– Aus der schlüpfenden Brut entstehen jetzt zu einem grossen Teil die Winterbienen.

– Der Brutumfang nimmt stark ab.

– Die Drohnen werden vom Futter abgedrängt und später hinausgeworfen.

– Ritzen und Löcher werden mit Propolis abgedichtet.

Winterbienen

Winterbienen leben 6 bis 9 Monate lang. Sie sind passiv und beteiligen sich nicht mehr an den Arbeiten im Bienenstock. Ihre Futtersaftdrüsen sind zurückgebildet. Sie sitzen ruhig auf den Waben und fressen viel Pollen, damit sie in ihrem Körper genügend Eiweissreserven speichern können. Der Fettkörper im Hinterleib der Winterbiene ist deshalb viel grösser als bei der Sommerbiene. Die Eiweissreserven brauchen die Winterbienen im Februar für die erste Brutaufzucht.

Weiter auf Seite 80

Ernte des Sommerhonigs und Winterfütterung

Völker, die in Gebieten mit früher Waldtracht stehen, werden bereits Ende Juli, spätestens Anfang August auf den Winter vorbereitet: Ernte des Sommerhonigs, Varroabehandlung, Einfütterung.

Begleitende Arbeiten

Fluglochöffnung der Volksstärke anpassen.

Schweizerkasten

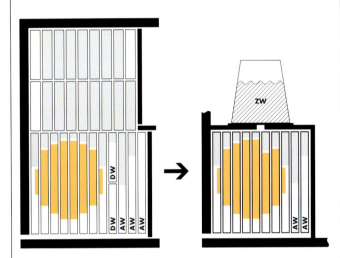

- Honigwaben herausnehmen und schleudern.
- Drohnenwaben (**DW**) und eine oder mehrere Altwaben (**AW**), die im Mai nach hinten gehängt wurden, entfernen.
- Gesundheitskontrolle der Brut.
- Futtervorrat abschätzen.
- 5 Liter Zuckerwasser (**ZW**) füttern und Varroabehandlung durchführen (siehe Seiten 92 bis 94).

Magazin

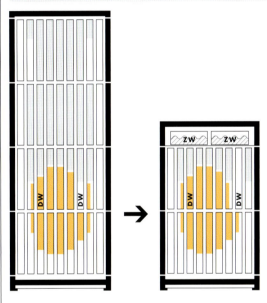

- Honigwaben der vierten und dritten Zarge entnehmen und schleudern.
- Honigwaben mit Brut in die zweite Zarge hinunterhängen.
- Die ältere Drohnenwabe (**DW**) in der zweiten Zarge entfernen, die jüngere Drohnenwabe dem Volk belassen.
- Gesundheitskontrolle der Brut.
- Futtervorrat abschätzen oder mit Hilfe der Zugwaage berechnen (siehe Seite 53).
- 6 Liter Zuckerwasser (**ZW**) füttern und Varroabehandlung durchführen (siehe Seiten 92 bis 94).
- Häufige Variante: Die Brut ist in der 2. und 3. Zarge angeordnet. In diesem Falle wird die brutfreie Bodenzarge entfernt.

Weiter auf Seite 81

August (Fortsetzung)

Wetter und Tracht

Goldrute

Sonnenblume

Ende der späten Waldtracht

Trachtlücke

Entwicklung des Bienenvolkes

Verarbeitung des Winterfutters

Nach der Entnahme des Sommerhonigs ersetzt der Imker den fehlenden Wintervorrat mit Zuckerwasser, das die Sommerbienen zu haltbarem Winterproviant verarbeiten müssen. Die Arbeiterinnen holen das Zuckerwasser im Futtertrog oder saugen es aus den Futterkesseln und speien es tröpfchenweise in leere Zellen. Der dünnflüssige Sirup muss mehrmals umgelagert werden. Dadurch wird ihm Wasser entzogen. Gleichzeitig werden Drüsensäfte beigemengt, die Enzyme enthalten. Diese Enzyme wandeln den Rübenzucker (Saccharose) in Trauben- und Fruchtzucker um. Die Umwandlung wird Invertase genannt. Ist eine Zelle mit invertiertem und eingedicktem Zuckersirup aufgefüllt, wird sie mit einem wasser- und luftundurchlässigen Wachsdeckel verschlossen.

Aggression und Verteidigung

Im Spätsommer sind die Bienenvölker bedeutend aggressiver als im Frühling. Verteidigungswille und Angriffslust sind um so ausgeprägter, je spärlicher die Natur den Bienen Nektar und Pollen anzubieten vermag. Die Zuckerwassergaben des Imkers stimulieren die Bienen zu aufgeregten Suchflügen rund um den Bienenstand. An allem, was nach Wachs und Honig riecht, wird «herumgeschnüffelt». Schwache oder weisellose Völker werden erbarmungslos ausgeraubt, aber auch von Volk zu Volk wird (äusserlich unbemerkbar) fleissig Futter umgetragen. Der Sammeltrieb verlagert sich auf das Ausrauben von andern Völkern, weil bei uns die blühende Herbst-Bienenweide fehlt.

Verteidigung des Stockes

Diese Räuberbiene versuchte in den Stock einzudringen. Sie wurde von den Wächterinnen am Flugloch als Fremdling erkannt und an Beinen und Flügeln gepackt. Nun versucht sie zu fliehen und sich aus dem Griff der Wächterinnen zu befreien. Sie wird am Rande des Flugbrettes freigelassen und fliegt davon.

Manchmal wird die Räuberbiene von den Wächterinnen vollständig eingeknäuelt und abgestochen, manchmal verhält sie sich, angesichts der Übermacht der Verteidigung, völlig passiv und lässt sich widerstandslos vom Flugloch wegschleppen.

Arbeiten der Imkerin oder des Imkers

Herstellung des Zuckerwassers

Das Zuckerwasser stellt man im Verhältnis 1:1 (1 kg Zucker auf 1 l Wasser) oder 3:2 her (1 kg Zucker auf 7 dl Wasser). Je nach Region und Tradition wird in der Schweiz das eine oder das andere Mischverhältnis empfohlen und mit Erfolg angewandt. Der Zuckersirup wird mit Kristall-, nicht mit Rohzucker hergestellt. Er kann durch eine Zugabe von Blütenhonig und Tee aufgebessert werden. *Matthias Thun* empfiehlt als Teemischung: Schafgarbe, Kamille, Löwenzahn, Baldrian (heiss aufgegossen); Brennessel, Ackerschachtelhalm, Eichenrinde (kalt aufgesetzt und aufgekocht). 10 g pro Pflanze auf 100 Liter Zuckerwasser.
Futtergeräte siehe Seite 83.

Wie viel Zuckerwasser braucht das Volk?

Je nach Standort und Eigenschaften des Volkes kann der Futterbedarf sehr unterschiedlich sein.

Als Faustregel gilt:

Schweizerkasten

- 15 bis 18 kg Winterfutter.
- Völker, die ungefähr 6 kg Eigenproviant haben, erhalten mit Unterbruch drei- bis viermal je 5 Liter Zuckerwasser.

Magazin

- 16 bis 20 kg Winterfutter.
- Völker, die ungefähr 6 kg Eigenproviant haben, erhalten viermal je 6 Liter Zuckerwasser.

Varroabekämpfung

Unmittelbar nach der Honigernte und nach der ersten Zuckerwassergabe werden den Völkern Ameisensäure-Verdunsterplatten aufgelegt (siehe Seiten 93, 94).

Völker im Wald

Wurden Völker in den Weisstannenwald gestellt, so müssen sie etwa alle 10 Tage überprüft werden. Bienenvölker arbeiten sich im Wald stark ab. Falls ein Volk sehr schwach wird, muss es aufgelöst werden. Es vermag den Waldhonig nicht mehr richtig zu verarbeiten. Man wischt die Bienen eines solchen Volkes vor dem Stand ab und verteilt die Brut- und Honigwaben auf starke Völker.

Mit Hilfe einer Waage kann überprüft werden, ob der Wald noch honigt. Sobald die Honigtracht versiegt, werden die Völker auf den Überwinterungsplatz gebracht.

September

| Wetter und Tracht | Entwicklung des Bienenvolkes |

Kleearten

Buchweizen

Goldrute

Efeu

(viel Nektar, wenig Pollen)

Vom Sommer- zum Wintervolk

Im April/Mai vollzog sich der Übergang vom Winter- zum Sommerbienenvolk. Jetzt, im September/Oktober, wandelt sich das Sommer- zum Wintervolk um. Aus den Zellen schlüpfen zukünftige Winterbienen (siehe Seite 78). Die Brutkreise werden kleiner. Ein Teil des Herbstpollens wird in die Leerzellen mitten im Brutnest eingestampft; die Winterbienen werden ihn im Januar/Februar für die Ernährung der ersten Brut brauchen.

Der Sammelflug wird ruhiger. Nur noch wenige Drohnen leben in den Völkern.

Finden die Bienen keinen Nektar mehr, wird das Volk bereits vom Wintervorrat zehren müssen.

Der Futterverbrauch beträgt 2 bis 4 kg.

Frühherbstliche Brutwabe mit sehr breitem Pollengürtel und kleiner Brutanlage. Das Volk muss aber noch gefüttert werden, denn der Futterkranz oben ist sehr schmal. Die Bienen werden die mit Pollen halb gefüllten Zellen mit eingedicktem Winterfutter auffüllen und den Pollen dadurch konservieren.

Brutwabe aus dem Zentrum eines fertig aufgefütterten Herbstvolkes mit ca. 1,5 kg Vorrat. Bis im November wird alle Brut geschlüpft sein. Im Bereich der dann leeren Zellen bildet sich die Wintertraube.

Schlussfütterung

Spätestens Mitte September muss die Winter-Einfütterung beendet sein.

Haben die Völker genügend Vorrat für den Winter?

Schweizerkasten

Eine präzise Futterkontrolle ist sehr zeitaufwändig. Man müsste jede Brutwabe aus dem Kasten heben und das Gewicht abschätzen. Deshalb bedient man sich einer (ungenauen) Faustregel: Es wird so lange gefüttert, bis die Fensterwabe halb bedeckelt ist. Scheint ein Volk aber mehr als 20 Liter Zuckerwasser zu brauchen, sollte es kontrolliert werden. Vielleicht wird es still ausgeraubt, oder es hat allen Vorrat weiter vorne eingelagert.

Magazin

Die Futterkontrolle ist mit Hilfe der Zugwaage sehr einfach (siehe Seite 53).

Futtergeräte
Links: Futtereimer mit Siebeinsatz im Deckel. Wird gekippt und auf Deckbrett mit Aufstiegsloch geschoben. Mitte: «Leuenberger»-Futtergeschirr. Wird anstelle eines Deckbrettes aufgelegt oder beim Keil angeschoben. Flasche wird auf Halterung gekippt. Rechts: Futtertrog. Wird anstelle der Deckbretter aufgelegt, ist einfach nachfüllbar.

Futtertrog
Futtertröge fassen ungefähr 6 l Zuckerwasser. Sie sind aus Kunststoff oder aus Holz gefertigt. Wird die Abdeckhaube über dem Aufstiegsloch entfernt, ist der ganze Trog frei zugänglich für die Bienen. Als Steighilfe wird in diesem Fall Stroh aufs Zuckerwasser gelegt.

Notzustände

Überfütterung

Bienenvölker dürfen nicht überfüttert werden. Für die Bildung der Winterkugel brauchen sie im zentralen Brutnestbereich Leerzellen. Handgrosse Flächen auf 3 bis 4 Waben müssen futterfrei bleiben. Wenn alle Waben eines Volkes wegen Überfütterung oder einer späten Waldtracht von unten bis oben mit Futter vollgestopft sind, müssen mitten ins Volk 1 bis 3 leere oder halbleere Waben gehängt werden.

Schwache Völker

Der Imker hat seinen Völkerbestand durch natürliche Schwärme und durch die Ableger- und Kunstschwarmbildung um rund die Hälfte vermehrt. Deshalb kann er es sich nun leisten, schwache Völker zu vereinigen oder aufzulösen (Bienen vor dem Stand abwischen, Waben mit Brut andern Völkern zuhängen, siehe Seite 51).

Oktober/November/Dezember

| Wetter und Tracht | Entwicklung des Bienenvolkes |

Efeu
(viel Nektar, wenig Pollen)

Erste Frostnächte

Novemberstürme

Wind, Regen, erster Schnee

In der Zeit vom 15. bis 25. Dezember oft einige wärmere Tage.

Brutpause und Winterruhe

Im Oktober befinden sich im Bienenvolk auf 2 bis 4 Waben noch etwa handgrosse Brutflächen. Die Bienen tragen den unverdeckelten Futtervorrat aus den Randzonen in die Leerzellen der zentralen Brutwaben um.

Normalerweise schlüpft im November die letzte Brut aus, und das Wintervolk wird 1 bis 2 Monate lang brutfrei bleiben. Der Frost veranlasst die Bienen, sich zur schützenden Wintertraube zusammenzuziehen. Es kann vorkommen, dass bald recht viele tote Bienen auf dem Beutenboden liegen. Es sind die letzten, kurzlebigen Sommerbienen, die die Wintertraube verlassen und auf dem kalten Boden erstarren.

Steigt die Temperatur über 12 °C an, lockern die Bienen die Traube, machen ihre Orientierungsflüge und tragen ihre toten Schwestern aus dem Stock.

Reinigungsflüge

Es ist vorteilhaft, wenn die Bienen nach einem kalt-nassen Oktober und frostigen November Mitte oder Ende Dezember ausfliegen und ihre Kotblase entleeren können, bevor eine vielleicht sehr lange Kälteperiode einsetzt.

Die Völker sind brutfrei. Am 21. Dezember ist der Höhepunkt der Zusammenzugsphase erreicht. Je kälter das Wetter, desto kompakter schliessen sich die Bienen zur Winterkugel über 3 bis 5 Waben hinweg zusammen.

Futterverbrauch im Oktober/November/Dezember: je 1 kg.

Bienenstand am 31. Dezember 1991 im Wallis (Dadant-Blatt-Magazine).

Einengen auf 8 bis 9 Waben

Schweizerkasten

Die hintersten zwei oder drei brutfreien, alten Waben werden Ende September/Anfang Oktober mitsamt den Bienen herausgehoben und hinter dem Fenster bei gezogenem Keil wieder eingehängt. Nach der ersten Frostnacht sind die Waben bienenfrei und können im Wabenschrank versorgt werden. Sie dienen im nächsten Jahr als Reserve-Vorratswaben für die Ableger und die Völker. Die Altwaben können auch erst im November oder Dezember, wenn Oxalsäure gesprüht wird, herausgenommen werden.

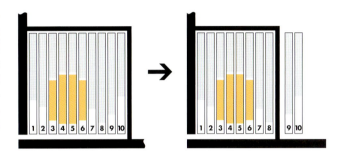

Letzte Varroabehandlung

Ab etwa Mitte November bis Ende Dezember sind die Völker brutfrei. Jetzt müssen sie mit Oxalsäure behandelt werden (siehe Seiten 93 und 94).

Mäuseschutz

Spitzmäuse dürfen nicht in die Kästen eindringen können. Deshalb darf die Fluglochöffnung nicht höher als 7mm sein, oder es werden 8mm-Drahtgitter angeheftet.

Frischluft und Ruhe für die Bienen

Um einen guten Luftaustausch für die Völker zu gewährleisten, werden die Fluglöcher auf der ganzen Kastenbreite geöffnet. Bei Magazinvölkern, die nicht mehr als 10 cm ab Boden stehen, können die Schiebeböden herausgezogen werden.

Sobald sich die Völker zur Wintertraube zusammengezogen haben, sollten sie vor Erschütterungen verschont bleiben. Äste, die bei Wind an Bienenhaus und Magazine schlagen könnten, müssen weggeschnitten werden.

Bienenprodukte verkaufen

Schweizer Bienenhonig gilt als etwas besonders Gutes und Wertvolles. Er wird nicht im Übermass produziert und kann meist von der Imkerin oder vom Imker direkt an die Kunden verkauft werden, an Verwandte, Bekannte, Nachbarn, Arbeitskollegen. Wichtige Vertreter des Zwischenhandels sind die Reform- und Bioläden, Marktfahrer und Grossverteiler.

Die Imkerinnen und Imker sind Vertrauenspersonen für ihre Kunden. Sie müssen Fragen über den Honig, seine Herkunft und Qualität, sachbezogen beantworten können. Als Hilfe dazu stellt der Verein deutschschweizerischer und rätoromanischer Bienenfreunde (VDRB) Formulare zur Verfügung, die eine Selbstkontrolle zur richtigen Herstellung von Bienenprodukten ermöglichen. Auf dem Formular werden Angaben über Betriebsweise, Fütterung, Varroabekämpfung, Hygiene und Wabenschutz aufgezeichnet. Es besteht die Möglichkeit, den Betrieb und die Produkte zertifizieren zu lassen (Suisse Garantie, VSBV Qualitätssiegel, Bio-Betrieb, Demeter-Betrieb).

Jahresthema: Wabenvorrat und Wachsmotten

Arbeiten der Imkerin oder des Imkers während des Jahres

Wabenvorrat

Waben müssen auch ausserhalb der Völker gelagert werden, zum Beispiel

- leer geschleuderte Honigwaben von August bis Mai,
- Vorratswaben von Ende September bis zur Ablegerbildung im Mai oder bis zur Überbrückung der Trachtlücken im Juni,
- alte und beschädigte, leere Brutwaben, bis sie eingeschmolzen oder im Fachhandel gegen Mittelwände eingetauscht werden,
- zudem Waben, die gelagert werden müssen, wenn Völker aufgelöst oder vereinigt werden.

Wachsmotte

Waben, die ausserhalb der Bienenvölker ungeschützt aufbewahrt werden, sind «Leckerbissen» für die Grosse und die Kleine Wachsmottenlarve.

Die röhrenartigen Gespinste der Grossen Wachsmottenlarve findet man von Ende April bis Ende September vor allem auf älteren, bebrüteten Waben. Wenn sich die Motten ungehindert vermehren, kann der gesamte Wabenvorrat in einem Wabenschrank innerhalb einer Saison aufgefressen werden. Was übrig bleibt, sind dunkelbraune, kleine Kotkrümelchen auf dem Kastenboden und dichte, filzartige Gespinste in den Wabenrahmen.

Grosse Wachsmottenlarve mit ihrem Gespinst
Die Raupe ernährt sich von Wachs, von Pollenresten und vom Kot der Bienenmaden.

Wachsmottenraupen haben die bebrüteten, futterfreien Zellen fast vollständig aufgefressen. Das filzartige Gespinst schützt sie vor Kälte und Feinden.

Schutz der Waben vor Wachsmotten

Ohne chemische Bekämpfungsmittel anwenden zu müssen, kann man

- die Waben in einem konstant kühlen Raum (Keller) bei max. 12° C lagern oder
- die Waben 2 Tage lang in eine Tiefkühltruhe stellen und dann in mottensicheren Kästen oder Säcken aufbewahren.

Fehlen die Möglichkeiten zur Kühlung, so kann die Wachsmotte mit Essig- oder Ameisensäure, mit Bacillus thuringiensis-Präparaten oder mit Schwefelschnitten bekämpft werden.

Essig- oder Ameisensäure

Schwammtuch mit 100 ml 70 %iger Essigsäure oder mit 40 ml 85 %iger Ameisensäure tränken. Achtung: Säure wirkt ätzend. Augen und Hände schützen! Je ein Schwammtuch pro 12 Schweizer Brutwaben oder pro Zarge auf die Wabentragleisten auflegen. Behandlung alle 2 bis 3 Monate wiederholen.

Vorteil der Säuren: Sie hinterlassen im Wachs keine Rückstände, weil sie vollständig verdampfen. Essigsäure tötet auch Nosemasporen ab.

Mellonex oder B401

Diese Mittel enthalten das Bakterium Bacillus thuringiensis, das die Entwicklung junger Wachsmottenlarven unterbindet.

Die Präparate gemäss Anleitung mit Wasser verdünnen und auf beide Wabenseiten sprühen. Waben trocknen lassen und im Wabenschrank

Kleiner, leistungsstarker Sonnenwachsschmelzer, offen und geschlossen
Die Altwabenstreifen stehen in einem rechteckigen Korb aus Chromstahlgeflecht. Der Korb liegt auf Abstandleisten in einer Chromstahlwanne, deren Vorderseite ausgeschnitten wurde, damit das Wachs in eine Kuchenform abfliessen kann. Seitenwände und Boden der schwarz gestrichenen Kiste sind dick isoliert (kein Styropor, denn das würde schmelzen). Der Deckel besteht aus doppeltem 2mm-Fensterglas.

«Dampfmeister»
Dieser preisgünstige, effiziente Dampfwachsschmelzer wird elektrisch betrieben. Er eignet sich gut für den Betrieb im Winter, wenn grössere Mengen Altwaben eingeschmolzen werden sollen.

oder Magazin versorgen. Eine Behandlung pro Saison genügt. Verbrauchsdatum beachten.

Schwefelschnitten

In eine hohe, ringsum perforierte Blechbüchse Schwefelschnitte an einen Drahtbügel einhängen. Schwefelschnitte anzünden, Dose auf Blechunterlage oben in den gut abgedichteten Wabenschrank oder Magazinstapel stellen. Wegen der Hitzeentwicklung dürfen sich direkt über der Dose mit dem Glimmstreifen keine Waben befinden. Behandlung im Sommer alle 3 bis 4 Wochen wiederholen. Die behandelten Waben müssen vor dem Einhängen in die Völker einen Tag lang gut gelüftet werden.

Vorteil der Schwefelschnitte: Einfach in der Anwendung.

Nachteile: Die Schwefeldämpfe töten nur die Maden und Falter, nicht aber die Eier ab. Deshalb muss oft behandelt werden. Zudem kommt es zu Schwefelsäurerückständen im Wachs. Unangenehmer Geruch bleibt lange.

Wachsmottenkugeln

Wachsmotten-Bekämpfungsmittel in Tablettenform, die *Paradichlorbenzol* enthalten, dürfen wegen deren Rückstände nicht mehr angewandt werden.

Sonnenwachsschmelzer

Es ist von Vorteil, wenn die Imkerin oder der Imker seine Altwaben und die Wachsresten nicht lagert und gegen Wachsmotten behandelt, sondern sofort im Sonnenwachsschmelzer einschmilzt.

Notzustände des Bienenvolkes und Massnahmen der Imkerin oder des Imkers

Weisellosigkeit: die Königin fehlt

Vorübergehende Weisellosigkeit

Ein Volk hat die Königin verloren. Sie starb oder wurde durch die Imkerin oder den Imker versehentlich erdrückt. Das Volk verliert mit der Königin die zusammenhaltende Kraft. Die Bienen sind unruhig. Sie laufen vor dem Flugloch suchend umher. Beim Öffnen des Kastens laufen sie sterzelnd von einer Wabenecke zur andern oder sind auffallend aggressiv. Manchmal merkt der Imker gar nichts von der Weisellosigkeit, denn die Bienen vermögen aus gewöhnlichen Arbeiterinnen-Eiern oder ein- bis zweitägigen Larven neue Königinnen aufzuziehen. Diese Königinnen entstehen in «Nachschaffungszellen». Eine gewöhnliche, waagrecht liegende Arbeiterinnenzelle wird nachträglich zu einer hängenden, runden Weiselzelle umgebaut. Die darin heranwachsende Larve erhält von den Brutpflegebienen reinen Königinnen-Futtersaft.

Afterköniginnen

Wenn ein Bienenvolk seine Königin verliert und keine jüngste Brut vorhanden ist, kann es keine neue Königin nachziehen. Während längerer Zeit fehlen nun die regulierenden Pheromone (Duftstoffe) einer Königin. Deshalb wachsen in einigen Arbeiterinnen die normalerweise zurückgebildeten Eierstöcke an und produzieren Eier. Diese Arbeiterinnen werden Afterköniginnen genannt. Sie legen ihre Eier mehrfach und unregelmässig in Zellen ab.

Die Afterköniginnen können sich nie von Drohnen begatten lassen. Sie legen nur unbefruchtete Eier. Daraus entstehen Drohnen, die aber in den Arbeiterinnenzellen kaum Platz finden. Deshalb verlängern die brutpflegenden Bienen die Zellen und wölben die Brutdeckel besonders stark, so dass die bedeckelte Brut «bucklig» aussieht (Buckelbrut).

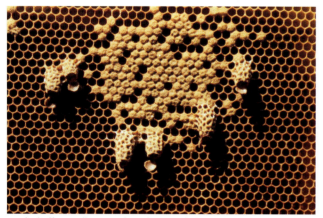

Nachschaffungszellen entstehen über gewöhnlicher Arbeiterinnenbrut. Die Jungköniginnen sind bereits geschlüpft. Sie werden gegeneinander kämpfen, bis nur noch eine im Volk verbleibt.

Eier von Afterköniginnen. Oft legen sie mehrere Eier in eine Zelle ab

Drohnenbrütige Königin

Es kommt vor, dass eine alte Köngin ihre Eier nicht mehr befruchten kann, weil der Samenvorrat in ihrer Samenblase erschöpft ist. Sie legt weiterhin regelmässig je ein Ei in jede Zelle ab, aber diese Eier sind unbefruchtet, es entstehen nur Drohnen. Das Volk ist drohnen- oder buckelbrütig.

Massnahmen

Buckelbrütige Völker hängt man in den Wabenknecht, lässt die Bienen während einer halben Stunde auf den Waben Honig aufnehmen und wischt sie dann Wabe für Wabe abseits vom Bienenstand ab. Die Bienen werden sich bei den Nachbarvölkern einbetteln.

Der Kasten des buckelbrütigen Volkes wird vor dem Abwischen der Bienen weggestellt, oder dessen Flugloch wird verschlossen und mit Zeitungspapier oder Stoff verhängt und unkenntlich gemacht.

Brutwabe eines buckelbrütigen Volkes. Lückenhaftes Brutnest, stark gewölbte Zelldeckel.
Interessant ist, dass es auf der ganzen Welt nur eine Bienenrasse gibt, die aus unbefruchteten Eiern von Afterköniginnen vollwertige Königinnen nachzuziehen vermag. Es ist die Kapbiene in Südafrika, der dieses Kunststück gelingt.

Verhonigter Wabenbau

Bienenvölker der europäischen Rassen sammeln, soviel sie nur können. Sie füllen jede leere Zelle mit Nektar und Waldhonig oder im Spätsommer mit Zuckerwasser. Wenn der Imker den Raum des Volkes nicht erweitert, kann die Königin keine Eier mehr legen. Vor dem längsten Tag wird sich das Bienenvolk durch Schwärmen neuen Raum verschaffen können. Nach dem längsten Tag, sicher ab August, ist der Schwarmtrieb aber erloschen. Bei übermässigem Waldhonig- oder Zuckerwasser-Angebot wird das Bienenvolk sein Brutnest mit Vorräten füllen und keine Brut mehr pflegen können. Es würde ohne Eingreifen des Imkers vermutlich nicht zu einem überwinterungsfähigen Volk heranwachsen können oder auf den mit Futter vollgestopften Waben schlecht überwintern, denn zur Bildung der Wintertraube braucht das Volk Leerzellen (siehe Seite 83).

Die Überfütterung der Völker im Herbst oder die Flüssigfütterung im Frühjahr gefährdet zudem die Echtheit des später geernteten Frühjahrshonigs. Sobald den überfütterten Völkern die Honigwaben aufgesetzt werden, tragen die Bienen das Winterfutter aus dem Brutnestbereich in die Honigwaben um.

Hungersnot

Wenn ein Volk im Frühjahr wegen mangelhafter Fütterung alle Vorräte aufgebraucht hat und wegen schlechter Witterung oder fehlender Tracht nichts sammeln kann, verhungert es. Die Bienen vermögen nicht mehr zu fliegen. Sie sitzen reglos auf den Waben und in den Zellen, bis sie sterben und auf den Beutenboden fallen, es sei denn, die Imkerin oder der Imker erkennt die Notsituation und hängt sofort eine aufgeritzte Futterwabe ins Volk oder besprüht die Bienen mit Honig-Zuckerwasser. Auch im Sommer kann ein Bienenvolk bei schlechtem Wetter innerhalb von vierzehn Tagen verhungern, wenn der ganze Vorrat aus der Frühtracht abgeerntet wird. Als Faustregel gilt, dass ein Bienenvolk während der Brutzeit nie weniger als 6 kg Futter haben sollte.

Notzustände und Krankheiten (Fortsetzung)

Krankheiten des Bienenvolkes und Massnahmen der Imkerin oder des Imkers

Krankheiten können verursacht werden durch
- mangelhafte Ernährung,
- ungünstigen Standort,
- erbliche Veranlagung (Inzuchtschäden),
- falsche Pflege,
- raubende oder sich verfliegende kranke Bienen,
- Austausch von infizierten Waben und Völkern,
- Spritzmittelvergiftung.

Man unterscheidet zwischen *Krankheiten der Brut* und *Krankheiten der erwachsenen Bienen*.

Kranke Bienenvölker leiden oft unter *Mischinfektionen*. Bakterien, Viren, bakterienähnliche Erreger und Amöben (Schmarotzer in den malpighischen Gefässen) können ein Bienenvolk befallen, das bereits unter der Nosema, der Tracheen- oder der Varroamilbe leidet.

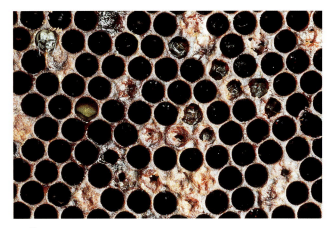

Faulbrut
Die Imkerin oder der Imker findet Brutzellen mit eingesunkenen, durchlöcherten Zelldeckeln und abgestorbener Brut. Es besteht Faulbrutverdacht. Bieneninspektor benachrichtigen.

Streichholzprobe
Ein Streichholz in die verdächtige Zelle einstecken. Wenn am Streichholz eine braune Masse kleben bleibt und Fäden zieht, liegt Faulbrut vor. Bieneninspektor benachrichtigen.

Europäische Faulbrut oder Sauerbrut
Eingesunkene, löchrige Zelldeckel. Die abgestorbenen Maden liegen in verschiedenen Stellungen in den Zellen. Kaum fadenziehend, saurer Geruch. Bieneninspektor benachrichtigen.

Kalkbrut
Lückenhaftes Brutnest. Abgestorbene Made ist hart (kalkartig), weiss oder grau. Kalkbrutmumien liegen meist frühmorgens auf dem Flugbrett, nachdem sie von den Bienen aus dem Stock getragen wurden.

Krankheiten der Brut

Krankheit:	bricht aus:	erkennbar durch:	verlangt folgende Massnahmen:
Faulbrut Erreger: sporenbildende Bakterien (Paenibazillus larvae). Sie gelangen im infizierten Honig (Futter) über die Brutpflegebienen in die Larven.	April bis September	Lückenhaftes Brutnest. Eingesunkene, schwitzende, löcherige Brutzelldeckel. Streichholzprobe: Braune, schmierige Masse in der Zelle zieht Fäden. Unangenehmer, leimartiger Geruch.	Bieneninspektor benachrichtigen. Völker mitsamt den Waben vernichten. Bienenkasten und Werkzeuge desinfizieren.
Europäische Faulbrut oder Sauerbrut Erreger: Bakterien (Melissococus pluton). Sie gelangen mit dem Futter der Brutpflegebienen in die Larven.	April bis September	Lückenhaftes Brutnest. Die normalerweise weissglänzenden Rundmaden verfärben sich mattgelb, später dunkelbraun. Liegen verdreht in den Zellen, saurer Geruch.	Inspektor benachrichtigen. Befallene Völker vernichten, Waben verbrennen. Werkzeuge und Kasten desinfizieren.
Kalkbrut Erreger: Pilz (Ascosphaera apis). Pilz oder Pilzsporen gelangen über die Brutpflege- oder Putzbienen in die Brutzellen und durchwuchern die Larven.	April bis September	Lückenhaftes Brutnest. Die befallene Larve vertrocknet zu weisslichem oder schwarzem, weizenkornartigem Krümel. Die Kalkbrutmumien liegen in offenen und verdeckelten Zellen und werden von den Putzbienen ausgeräumt.	Stark infizierte Waben vernichten, Volk einengen und mit Honig-Zuckerwasser besprühen. Königin auswechseln. Bei regelmässig wiederkehrendem Befall Standort wechseln.

Krankheiten der erwachsenen Bienen

Krankheit:	bricht aus:	erkennbar durch:	verlangt folgende Massnahmen:
Ruhr Verdauungsstörung, Durchfall, Überbelastung der Kotblase durch Waldhonig oder schlechtes Futter.	Dezember bis März	Schmierige, dunkelbraune Kotflecken im Fluglochbereich, auf den Wabenrahmen, an den Kastenwänden (siehe Seite 51).	Volk einengen, verkotete Waben entfernen, schwache Völker mit starkem Befall abtöten.
Nosema Erreger: einzelliges Urtierchen (Nosema apis), vermehrt sich in den Darmwandzellen und zerstört diese (Darmzellenschmarotzer). Völker leiden oft auch an der Ruhr.	März bis Juni	Volk wird immer schwächer. Missverhältnis zwischen grossen Brutflächen und schwachem Bienenbesatz. Beige oder braune, schmierige Kotflecken im Fluglochbereich. Flugunfähige Bienen vor den Kästen. Die Krankheit ist nur mikroskopisch nachweisbar.	Volk einengen, schwache Völker mit starkem Befall abtöten.
Tracheenmilbe Erreger: Milbe (Acarapis Woodi), befällt die Luftröhren des Brustabschnittes. Die Völker leiden oft gleichzeitig an der Ruhr oder der Nosema.	Februar bis Mai	Bienen können nicht abfliegen, fallen vom Flugbrett auf den Boden und sammeln sich vor dem Kasten zu Häufchen. Sie zittern. Ihre Flügel sind abgespreizt. Das Volk wird immer schwächer. Die Tracheenmilbe ist nur mikroskopisch nachweisbar.	Volk einengen. Zwei Stossbehandlungen mit Ameisensäure. Schwache Völker mit starkem Befall abtöten. (Die Varroabehandlung mit Ameisensäure tötet auch die Tracheenmilben ab.)

Notzustände und Krankheiten (Fortsetzung)

Krankheiten des Bienenvolkes und Massnahmen der Imkerin oder des Imkers

Varroose

Die Varroamilbe *(Varroa destructor)* befällt sowohl die Brut als auch die erwachsenen Bienen. Die Milbe ist 1,5 mm gross, breitoval, flach, dunkel- bis rotbraun glänzend. Sie ist im asiatischen Raum beheimatet und lebt dort als schadloser Parasit in den Völkern der Östlichen Honigbiene *(Apis cerana)*. Im Unterschied zu unseren europäischen Bienenrassen erkennt die Östliche Honigbiene die Milbe als Feind. Sie packt sie, zerbeisst sie und schafft sie aus den Völkern.

Durch den interkontinentalen Bienenvolk-Handel gelangte die Milbe um 1960 nach Japan, später nach Südamerika, Afrika, Russland, Osteuropa und in den Siebziger- und Achtziger-Jahren nach Westeuropa. 1984 wurden die ersten Varroamilben in Bienenvölkern der Nordwestschweiz gefunden. Seither sind alle Völker der Schweiz befallen.

Die erwachsene Milbe krallt sich auf dem Körper der Biene fest, durchbohrt mit ihrem Saugrüssel dünne Hautschichten zwischen den Chitinsegmenten und ernährt sich vom Bienenblut.

Sobald sie vermehrungsreif ist, schlüpft sie in eine Zelle, in der sich eine etwa sechstägige Rundmade befindet. Sie bevorzugt Drohnenbrutlarven (siehe Bild Seite 70). Nachdem die Brutpflegebienen die Zelle verdeckelt haben, legt die Milbe ungefähr 3 bis 5 Eier ab. Aus dem ersten Ei entsteht ein Männchen, aus den andern entwickeln sich Weibchen. Die Milbenfamilie ernährt sich vom Blut der heranwachsenden Biene. Das Männchen begattet die Weibchen noch in der verschlossenen Zelle und stirbt dann ab. Die Weibchen lassen sich auf der schlüpfenden Biene aus der Zelle hinaustragen, wechseln auf andere Bienen über und reifen innerhalb von 14 Tagen zu vermehrungsbereiten Muttertieren heran. Wenn sich Varroamilben in einem Bienenvolk ungehemmt vermehren können, entstehen innerhalb einer Brutsaison 1000 bis 10 000 Milben.

Schadensbild

Eine Jungbiene, von der sich eine oder sogar zwei Varroafamilien ernährt haben, schlüpft geschwächt oder geschädigt, mit verkrüppelten Flügeln und verkürztem Hinterleib, aus der Zelle.

Sie wird nur kurze Zeit leben und kann ihre Arbeiten nur mangelhaft oder gar nicht ausführen. Je kleiner die Brutflächen im Juli/August werden, desto grösser ist der Anteil an stark befallenen Brutzellen. Das Volk wird immer schwächer und vermag die Brut nicht mehr zu pflegen. Streckmaden sterben in den unverdeckelten Zellen ab. Viele Bienen verlassen ihr gestörtes Volk und gehen zu Grunde. Viren und Bakterien dringen durch die Bisswunden in die Larven und die erwachsenen Bienen ein. Das Volk bricht zusammen. Varroageschwächte Völker werden oft von andern Bienenvölkern ausgeraubt. Nebst Fremdfutter tragen die raubenden Bienen auch Varroen in ihr eigenes Volk ein.

Brutbild der Varroose
Das varroakranke, geschwächte Volk kann die Brut nicht mehr richtig pflegen. Die abgestorbenen Larven sehen ähnlich aus wie bei der Europäischen Faulbrut (siehe Seite 90), aber meist liegt kein Bakterien-, sondern Virenbefall vor.

Geschädigte Biene mit Varroamilbe
Bei starkem Varroa- und Virenbefall schlüpfen die Bienen mit verkrüppelten Flügeln oder verkürztem Hinterleib aus der Zelle.

Schutzmassnahmen

Ohne Hilfe der Imkerin oder des Imkers vermögen die Westlichen Bienen den Varroa-Befall noch nicht in schadlosen Grenzen zu halten.

Integrierte Bekämpfung

Das Schweizerische Zentrum für Bienenforschung in Liebefeld hat eine integrierte Varroabekämpfung entwickelt, deren Ziel es ist, ausser Ameisen- und Oxalsäure oder Thymol-Produkten keine chemischen Mittel anwenden zu müssen. Wie vom Zentrum für Bienenforschung vorausgesagt, ist nämlich die Varroamilbe gegen die starken, chemischen Wirkstoffe Apistan und Bayvarol resistent geworden. Vermutlich wird dies auch bald für Perizin zutreffen. Zudem haben diese Mittel im Wachs, Futter oder Honig Rückstände hinterlassen (siehe www.apis.admin.ch, Stichwort Krankheiten, therapeutische Mittel für die Imkerei in der Schweiz).

Zeitplan und Arbeiten der integrierten Bekämpfung

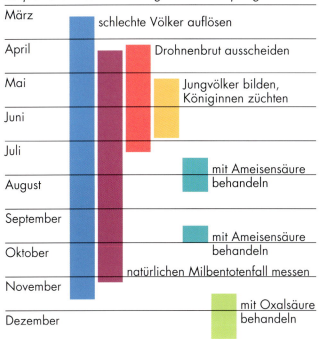

Natürlicher Milbentotenfall

Mit Hilfe von gittergeschützten Unterlagen, die unter den Brutsitz des Volkes eingeschoben werden, kann der natürliche Milbentotenfall gemessen werden. Diese Werte geben Aufschluss darüber, ob und wann das Volk behandelt werden muss.

Natürlicher Milbentotenfall: Muss behandelt werden?

Zeitpunkt	Milben pro Tag, mehr als	Massnahmen
Ende Mai	3	Eine Langzeitbehandlung mit Ameisensäure sollte sofort nach der Frühjahresernte durchgeführt werden.
Ende Juli	10	Zwei Langzeitbehandlungen mit Ameisensäure sind notwendig.
ganze Bienensaison	30	Die Schadensschwelle wird in Kürze überschritten. Eine sofortige Behandlung ist notwendig.

Empfehlungen zur chemischen Bekämpfung

Merkpunkte

1. Die Anwendung der Heilmittel sollte in einem Kurs beim Bieneninspektor, bei der Bienenberaterin oder beim Bienenberater gelernt werden.
2. Der richtige Zeitpunkt der Behandlung und die richtige Dosierung der Medikamente sind entscheidend für den Erfolg der Bekämpfung.
3. Alle Völker eines Standes sollen zur gleichen Zeit gleich behandelt werden.
4. Bei aufgesetzten Honigräumen darf keine chemische Bekämpfung durchgeführt werden.
5. Es sollen nur Behandlungsmethoden und -geräte gewählt werden, die vom Zentrum für Bienenforschung überprüft und empfohlen werden (www.apis.admin.ch).
6. Anwendungsvorschriften der verschiedenen Geräte genau befolgen.

Notzustände und Krankheiten (Fortsetzung)

Krankheiten des Bienenvolkes und Massnahmen der Imkerin oder des Imkers

Behandlungen ohne Unterlagenkontrolle

1. Eine Ameisensäure-Langzeitbehandlung von 7 Tagen in der ersten Augustwoche.
2. Eine Ameisensäure-Langzeitbehandlung von 14 Tagen in der zweiten Septemberhälfte.
3. Eine Oxalsäurebehandlung ab Mitte November bis Ende Dezember (Völker müssen brutfrei sein). Die Oxalsäure kann gesprüht, geträufelt oder verdampft werden.

Anstelle der Ameisensäure kann Thymol (Thymovar) eingesetzt werden. Ab August werden zwei aufeinander folgende Behandlungen von je 3 bis 4 Wochen durchgeführt.

Behandlungen mit Unterlagenkontrolle

Wer den natürlichen Milbentotenfall misst, kann die Behandlungen zeitlich besser abstimmen und zielgerichtet durchführen (siehe Tabelle Seite 93). Eventuell muss ein Volk bereits im Juni behandelt werden, oder man kann auf die zweite Ameisensäurebehandlung im September verzichten.

Varroatoleranz und Bienendichte

Die Östliche Honigbiene *(Apis cerana)* besitzt eine wirksame, natürliche Abwehr gegen die Varroamilbe, und zwar dank ihres Putztriebes und ihrer speziellen Pflege der Drohnenbrut. Es ist zu hoffen, dass es eines Tages auch der Westlichen Biene *(Apis mellifera)* gelingen wird, die Abwehr der Varroamilbe in ihre Putzstrategie mit einzubeziehen.

Viele Imkerinnen und Imker hoffen, dass durch Zuchtarbeit eine Biene gewonnen werden kann, die schadlos mit der Varroamilbe zusammenlebt. Versuche belegen, dass durch fundierte Auswahl- und Nachzuchtverfahren die Abwehr oder Varroatoleranz gegen die Milbe ansatzweise gesteigert werden kann. Doch die Milbe muss trotzdem jährlich bekämpft werden, und es bleibt bei genauer Prüfung sehr fraglich, ob Varroatoleranz durch Zucht erreicht wird. Wild lebende Insektenpopulationen, wie zum Beispiel der Lärchenwickler oder der Prozessionsspinner, regulieren sich meist von selbst. Nimmt der lokale Bestand einer bestimmten Insektenart übermässig zu, bewirken schlechte Ernährung, Krankheiten oder Feinde einen Ausgleich. In der Bienen-Nutztierhaltung werden viele Völker an einem Ort und oft in zu geringem Abstand zum nächsten Bienenstand gehalten. Es könnte sein, dass Varroose, Sauerbrut oder andere epidemische Krankheiten eine Folge dieser unnatürlich hohen, lokalen Bienendichte sind. Berichte über varroatolerante Bienenvölker in „inselhaft" abgeschlossenen, kleinräumigen Gebieten scheinen die Bedeutung der Bienendichte zu bestätigen.

Ameisensäure-Langzeitverdunster
Auf das Schwammtuch im Liebefelder-Verdunster werden 130 ml 70 %ige Ameisensäure gegeben. Die Drehscheibe wird je nach Tagestemperatur mehr oder weniger weit geöffnet. Über dem Verdunster ist Leerraum für das Volk, damit zu hohe Dämpfe weggefächelt werden können. Es gibt verschiedene Verdunster-Modelle im Handel. Gebrauchsanleitung beachten.

Putztrieb
Die Bienen reinigen sich nicht nur selber, sondern auch gegenseitig. Eine Biene leckt den in die Höhe gestreckten Hinterleib einer Stockgenossin ab. Putztrieb und richtige Ernährung bilden die Grundlage für die Gesundheit eines Volkes.

Weitere Informationen

Institutionen und Organisationen im Dienste der Imkerei

Zentrum für Bienenforschung, Liebefeld

Das Zentrum für Bienenforschung, 3003 Bern-Liebefeld, ist eine Abteilung der Eidgenössischen Forschungsanstalt für Milchwirtschaft und befasst sich wissenschaftlich und praktisch mit der Bienenhaltung und deren Produkte.

Die Aufgabenbereiche umfassen:

Bienenkrankheiten
- Beratung in der Verhütung und Bekämpfung von Krankheiten
- Aus- und Weiterbildung der Inspektoren
- Begutachtung von Bienenmedikamenten (Zulassungsverfahren)
- Beurteilung von Einfuhrgesuchen für Bienen
- Grundlagenforschung

Imkerpraxis
- Beratung des Imkers in der praktischen Arbeit
- Überprüfung von Methoden in der Imkerei
- Mitarbeit bei der Ausbildung der Berater

Bienenprodukte
- Beratung in Fragen der Qualität von Honig, Wachs, Pollen und Propolis
- Untersuchung und Beurteilung der Bienenprodukte
- Mitarbeit bei der Ausbildung der Honigkontrolleure

Bienenschutz
- Beratung bei Bienenvergiftungen
- Untersuchung und Beurteilung der Gefährdung der Bienen durch Pflanzenschutzmittel

Imkervereine

Den Sprachregionen entsprechend haben sich die Imkerinnen und Imker in drei grossen Vereinen organisiert:

- *Verein deutschschweizerischer und rätoromanischer Bienenfreunde* (VDRB), 6235 Winikon, 15 000 Mitglieder

- *Société d'Apiculture romande* (SAR), 2053 Cernier, 3500 Mitglieder

- *Società Ticinese di Apicoltura* (STA), 6853 Ligornetto, 600 Mitglieder.

Die drei Vereine gliedern sich in *Kantonalverbände* und *Sektionen* auf und sind im Dachverband der *Schweizerischen Bienenzüchtervereine* (VSBV) zusammengeschlossen.

Adressenhinweis

Alle wichtigen Adressen (Verbands- und Sektionspräsidenten, Bienenberaterinnen und -berater, Inspektoren usw.) sind im jährlich erscheinenden *Kalender des Schweizer Imkers* zusammengestellt. Zudem finden sich darin wichtige Informationen über die Institutionen des Verbandes und über das Zentrum für Bienenforschung in Liebefeld.

Der Kalender kann bei der Redaktion der Schweizerischen Bienen-Zeitung, Steinweg 43, 4142 Münchenstein oder bei der Geschäftsstelle des VDRB, Oberbad 16, 9050 Appenzell, bezogen werden.

Vereinsarbeit

Sektionen

Die Sektionen bieten ihren Mitgliedern meist monatliche Zusammenkünfte zu Erfahrungsaustausch und Weiterbildung an und organisieren Vereinsausflüge im In- und Ausland. Jeder Sektion sind nebenamtliche Beraterinnen und Berater, Bieneninspektoren und Honigkontrolleure zugeteilt. Der Bienenberater kann von den Sektionsmitgliedern zu Hilfe gerufen werden. Er leitet zudem die Grundausbildungskurse für Anfänger und organisiert Gruppenberatungen. Der Bieneninspektor muss bei Krankheitsfällen benachrichtigt werden. Er bestimmt die Sanierungsmassnahmen. Der Honigkontrolleur bietet den Vereinsmitgliedern eine sensorische Überprüfung ihrer Honigernten an. Entspricht der Honig den Qualitätsanforderungen, so ist die Imkerin oder der Imker berechtigt, die vom Verband herausgegebenen Honigetiketten zu beziehen.

Einige Sektionen haben Lehrbienenstände eingerichtet. Sie sind Treffpunkt und Versammlungsort für Imkergruppen und die Öffentlichkeit (Schulklassen).

Kantonalverbände

Die Kantonalverbände koordinieren und verwalten das imkerliche Geschehen der Sektionen innerhalb der Kantone, die Arbeiten der Bieneninspektoren, der Berater und der Honigkontrolleure. Sie helfen bei der Finanzierung von Lehrbienenständen, Zuchtprojekten und Weiterbildungsveranstaltungen mit.

Verein deutschschweizerischer und rätoromanischer Bienenfreunde

Im Verein deutschschweizerischer und rätoromanischer Bienenfreunde (VDRB) sind Sektionen und Kantonalverbände zusammengeschlossen. Die Aufgaben des VDRB umfassen:

– Herausgabe der Schweizerischen Bienen-Zeitung
– Herstellung, Verwaltung und Vertrieb von Fachschriften
– Betreuung der Bibliothek in 6248 Alberswil
– Verleih von Filmen und Dias
– Führung der Versicherungs- und Förderungskassen
– Aus- und Weiterbildung der Beraterinnen und Berater und Kontrolle ihrer Abrechnungen
– Koordination und Mitfinanzierung der Weiterbildung für Imker, der Honigkontrolle und des Zuchtwesens
– Betreuung der Leiterinnen und Leiter von Beobachtungsstationen und Zusammenfassung ihrer Berichte
– Erhebung von Buchhaltungsergebnissen
– Unterstützung des Betriebs des Schau- und Lehrbienenstandes Burgrain, 6248 Alberswil

Vereine fördern die Imkerei (alphabetisch)

– Arbeitsgruppe naturgemässe Imkerei (AGNI)
– Buckfastimkerverband Schweiz
– Schweizerischer Apitherapie-Verein
– Schweizerische Carnicaimker-Vereinigung (SCIV)
– Schweizerische Pollenimkervereinigung
– Verein Schweizerischer Mellifera Bienenfreunde (VSMF)
– Verein Schweizer Wander-Imker (VSWI)

Adressen im Kalender des Schweizer Imkers, Seiten 5–7

Zudem
Imkereimuseum Müli, 8627 Grüningen ZH

Weiterführende Literatur (eine Auswahl)

Allgemeine Literatur

Der Schweizerische Bienenvater, Fachbuch für Imker
18. Auflage, VDRB Fachschriftenverlag, 2003

Phänomen Honigbiene
J. Tautz, Spektrum, 2007

Lexikon der Bienenkunde
J. Hüsing, J. Nitschmann, Weltbild Verlag

Die Honigbiene. Vom Bienenstaat zur Imkerei
A. Spürgin, Ulmer Verlag Stuttgart, 2003

Honigbienen: Im Mikrokosmos des Bienenstocks
T. D. Seeley, Birkhäuser 1997

Naturgeschichte der Honigbiene (Taschenbuch)
F. Ruttner, Kosmos, 2003

Verständigung im Bienenstaat
M. Lindauer, Fischer Verlag, 1975

Heilwerte aus dem Bienenvolk
E. Herold, G. Leibold, Kosmos, 2000

Bienenprodukte in der Medizin
P. Potschinkova, Ehrenwirth, 2007

Das grosse Honigbuch
H. Horn, C. Lullmann, Kosmos, 2006

Zeitschriften

Schweizerische Bienen-Zeitung
Verein deutschschweizerischer und rätoromanischer
Bienenfreunde, Steinweg 43, 4142 Münchenstein

Revue Suisse d'Apiculture
Société d'Apiculture Romande, Rue du Collège 55,
2300 La Chaux-de-Fonds

ADIZ, Allgemeine Deutsche Imkerzeitung
Deutscher Landwirtschaftsverlag GmbH
Berliner Strasse 112 A, 13189 Berlin

Deutsches Bienen-Journal
Deutscher Bauernverband GmbH
Wilhelmsaue 37, 10713 Berlin

Für den Magazinimker

Grundwissen für Imker, Schulungsmappe
Deutscher Landwirtschaftsverlag, München und Berlin

Imkern mit dem Magazin
K. Pfefferle, Selbstverlag, Münstertal

Imkern Schritt für Schritt
K. Bienefeld, Kosmos, 2005

1 mal 1 des Imkerns
F. Pohl, Kosmos, 2003

Einfach imkern
G. Liebig, Selbstverlag, Stuttgart, 1998

Der erfolgreiche Imker
R. Moosbeckhofer, J. Ulz, Leopold Stocker Verlag
Graz, 1991

Ertragreich imkern, F. Lampeitl
Ulmer Verlag Stuttgart, 1987

Über die Tracht

Das Trachtpflanzenbuch
A. Maurizio, F. Schaper, Ehrenwirth, 1998

Waldtracht und Waldhonig in der Imkerei
W. Kloft, A. Maurizio, Kaeser, Ehrenwirth, 1985

Die Waldtracht
G. Liebig, Selbstverlag, Stuttgart, 1999

Bienenweide
G. Pritsch, Kosmos, 2007

Die Bienenweide
B. Schick, A. Spürgin, Ulmer Verlag, 1997

Bildquellen

Photos

Fischer-Nagel A.: 11 o, 31 m

Fluri Peter, Liebefeld: 30 u, 31 u

Free John B.
Heritage and Natural History
Photographic Library, Chichester, England:
29 m, 37 u, 40 ol

Hättenschwiler Josef, Liebefeld: 76 o

Joss Christoph: 46 m, 83 l

Jünger Verlag, Frankfurt
Dia-Serie Die Biene: 30 o, 30 m

Lehnherr Matthias, Basel: alle andern

Müller, Bildkalender 1990
Merlan Fachverlag, Emmelshausen: 60 u

Ruetsch Helmut, Bern: 2, 77

Schweizerische Bienenzeitung
Bildarchiv: 10 o, u, 11 m, 16

Six Jacques
Im Reich der Bienen, Ehrenwirth, 1991:
10 m, 11 u, 28, 29 u, 31 o, 36, 37 o, 38 o,
60, 76 u, 94 r

Spürgin Armin: 10 u, 29 o, m, 51 r, 52 l,
65 r, 73, 89, 90 o, ur, 92

Thomas Hans-Ulrich, Zürich: 87 r

Unbekannt: 66 l, 70 u, 72 u

VDRB Dia-Serien: 39 u, 43, 53 l, 65 l, 68,
70 o, 71, 72 o, 82 o, 86 u, 88 l, 90 ul, 92

Zbinden Erwin, Basel: 13

Zeichnungen

Bandi Hans-Georg, «Kunst der Eiszeit»
Holbein Verlag Basel
nach Hernandez-Pancheco: 9

Der Schweizerische Bienenvater,
Fachbuch für Imker
VDRB Fachschriftenverlag, 2003, Bd. 2: 27,
34, 35 u

von Frisch Karl
Tanzsprache und Orientierung der Bienen
Springer Verlag Berlin, 1965: 34 o

Hüsing Johannes-Otto, Nitschmann Joachim
Lexikon der Bienenkunde
Ehrenwirth, 1987: 35 o, 42 ol

Imdorf Anton, Fluri Peter
Schweizerische Bienenzeitung 3/91: 94

Lehnherr Matthias, Basel: alle andern

Lindauer Martin
Zeitschrift für vergleichende Physiologie
Band 53, 1966, Springer Verlag: 42 or

Pfefferle Karl
Unser Imkern mit dem Magazin Selbstverlag,
Münstertal, 1990: 26
(stark verändert und ergänzt)

Winston Mark L.
The Biology of the Honey Bee
Harvard University Press, Cambridge,
Massachusetts, 1991: 25, 39 o, 66 r

Wohlfarter Waltraut
Drew, Südafrika, 1991: 45

Alle Druckrechte befinden sich bei den oben erwähnten Quellen.

Register

Abdeckleten 71
Abwischen 51
Ableger 65, 74, 75
Acarose (s. Tracheenmilbe)
Adressen 96
Afterkönigin 88
Aggression 80
Altwabe 43, 61, 79, 85, 86
Anfänger 16, 17, 22
Apis mellifera 46, 94
Apis cerana 92, 94
Arbeiterin 10, 27-35, 39
Arbeiterinnenzelle 38
Arbeitskalender 46
Auflösen von Völkern 51, 83, 89

Bauerneuerung 59, 61
Baurahmen 55, 63
Begattung 66
Bestäubung 12, 22
Beute (s. Bienenkästen)
Bienendichte 13, 15, 46, 77
Bienengift 11, 31
Bienenhaus 14, 16, 18, 71
Bienenkästen 17
Bienenkörper 27
Bienenrasse 46
Bienenvolk 24, 26
Bienenwabe (s. Wabe)
Bildquellen 99
Blütenstaub (s. Pollen)
Brutkrankheiten 90
Brutkurve 26
Brutpause 84
Brutrhythmus 26, 54, 68
Brutwabe 65, 68, 78, 82, 86
Buckelbrut 89
Buckfast-Biene 46

Drohne 37, 39, 54, 60, 66, 78, 88
Drohnenbaurahmen 54, 55
Drohnenbrütige Königin 89
Drohnenwabe 54, 55, 59, 79
Drohnensammelplatz 37, 66
Drohnenschlacht 37
Drohnenzelle 38
Drüsen 28, 29, 31, 33

Entdeckeln 71
Enzyme 11, 80
Einengen 53, 85
Einwintern 79-85
Ernährung 13
Erweitern 55, 59, 61
Europäische Faulbrut 90, 91

Faulbrut 90, 91
Freistand 19
Frischluft 85
Futtergeräte 83
Futterkontrolle 53, 83
Fütterung 73, 75, 79, 81, 83
Futterverbrauch 24, 48, 50, 52, 54, 81, 82, 84
Futtervorrat (Winter) 81, 82, 83
Futterwabe 53, 82, 86

Gelée Royale 10

Honig 10, 22, 69
Honigernte 69, 71, 79
Honigerntegeräte 21, 71
Honigkontrolle 73
Honigpflege 73
Honigverkauf 22, 85
Honigraum aufsetzen 59, 61
Honigtau 68, 70, 76
Honigwabe 59, 61, 71, 79, 86
Hungersnot 52, 89

Inserate 102-104
Integrierte Bekämpfung 93
Jungvölker 74, 75
Jungwabe 61, 68
Juniloch 72, 73

Kalkbrut 90, 91
Kittharz (s. Propolis)
Klima 46
Klotzbeute 17
Königin 36, 39, 64, 66
Königinnen-Futtersaft (s. Gelée Royale)
Königinnenzelle 10, 38, 62, 63, 88
Kontrollgänge 49
Korb 40
Körperbau 30-33

Krankheiten 91-94
Kunstschwarm 63, 74, 75
Landwirtschaft 13, 16
Langzeitverdunster 94
Literatur 98
Lückenhaftes Brutnest 91

Magazin 17, 19, 20
Mäuseschutz 85
Milbentotenfall 93, 94
Mittelwände 11, 49, 58, 59, 61, 63, 67
Mobilbau 40
Muttervolk 66

Nachschaffungszellen 65, 88
Nachschwarm 64
Nektar 10, 12
Nosematose 52, 91

Pheromone 36
Pollen 10, 12, 31
Propolis 11
Putztrieb 94

Rahmen drahten 49
Raumerweiterung 55, 59, 61
Reinigungsflug 50, 84
Ruhr 50, 51, 91

Sauerbrut 90, 91
Schleuderung (Honigernte) 21, 71
Schwärmen 62, 64, 66
Schwarm einfangen und pflegen 67
Schwarmkontrolle 63, 67
Schwarmtraube 64, 66
Schwarmzellen 10, 62, 63
Schweizerkasten 17, 18, 20
Solitärbienen 12
Sommerbienen 27, 54, 78, 82
Sonnenwachsschmelzer 87
Stabilbau 40
Stachel 11, 31, 33
Standort 16
Staubbeutel 12
Stille Umweiselung 62

Tanzsprache 34, 35
Temperatur im Wintervolk 48
Tracheenmilbe 50, 51, 91

Tracht 13, 48-84 (linke Spalten)
Trachtgebiet 15
Trachtlückenfütterung 73

Überfütterung 83, 89
Umstellen der Waben 61

Varroabekämpfung 59, 75, 81, 93, 94
Varroakontrolle 59, 85, 92, 93, 94
Varroamilbe / Varroose 59, 70, 92-94
Varroa destructor 94
Verband / Verein 96, 97
Vereinigen 57
Verhonigen 89
Vermehrung 63, 65, 67
Verteidigung 80
Vorratswabe (s. Futterwabe)
Vorschwarm 64

Wabe (Wabenbau) 40-43
Wabenhonig 22
Wabenschutz 86, 87
Wabenvorrat 86
Wachs 11, 40, 41
Wachsdrüsen 11, 28, 29
Wachsgewinnung 86, 87
Wachsmotte 86
Wachsschmelzer 87
Waldhonig 70, 76
Waldtracht 70, 74, 76, 77, 81
Wanderung 72, 77
Wassertränke 50
Weiden 52
Weisellose Völker 50, 51, 88
Weiselzellen 10, 38, 62, 63, 88
Werkzeuge 20, 21
Winterbienen 27, 54, 78, 82
Winterfutter 80, 81, 82
Winterruhe 48, 85
Wintervolk 82

Zarge 19
Zellen 38, 42, 43
Zelldeckel 43
Zentrum für Bienenforschung 93, 96
Zuckerlösung 81
Zwischentrachtfütterung 73

Verband Schweizerischer Imkergerätehersteller und Imkerfachgeschäfte

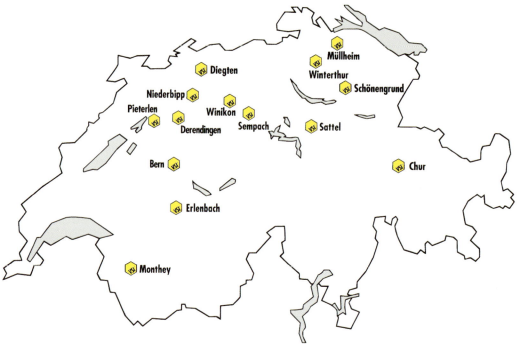

Die Branchenprofis in Ihrer Nähe

Bern bis Winterthur

Bern: Bärner Imkerlädeli
Chur: Imkerhof
Derendingen: Apirama GmbH
Diegten: P. Blapp
Erlenbach: Apiline GmbH
Monthey: Rithner & Cie
Müllheim: H. Frei, Imker-Shop
Niederbipp: R. Gabi
Pieterlen: IB Fema GmbH
Sattel: K. Schuler
Schönengrund: L. und A. Büchler
Sempach-Station: M. Wespi
Winikon: Biene AG
Winterthur: R. und M. Ruffner

Gönnen Sie Ihren Bienen etwas Besonderes!

Cera Alpina Waben

vom Imkerhof oder Waben aus Ihrem eigenen Wachs. Wir verarbeiten Ihr gereinigtes Schmelzwachs zu Waben. Fragen Sie uns für eine individuelle Fabrikation an!

Das Gütezeichen für Qualitätswaben aus einheimischem Bienenwachs

Oberalpstr. 32, 7001 Chur
Tel. 081 284 66 77
Fax 081 284 88 84
info@imkerhof.ch
www.imkerhof.ch

Natürlich Schweizer Bienenhonig – der mit dem goldenen Qualitätssiegel!

Machen Sie mit beim neuen Programm für das goldene Honig-Qualitätssiegel!

Damit Ihre Kundinnen und Kunden...

... erkennen, dass Sie es ernst meinen mit der Qualität

... spüren, dass ihr Imker stolz ist auf seinen Honig

... sicher sind, ein natürliches, reines Produkt zu erhalten

... wissen, dass Sie als Imker diese Qualität von einem Honigkontrolleur überprüfen und bestätigen lassen

... bereit sind, dafür einen angemessenen Preis zu bezahlen

Anmeldung bei Ihrem Honigkontrolleur

www.vdrb.ch
www.swisshoney.ch

Das Goldene Honig-Qualitätssiegel – Ich bin auch dabei!